打開莊子的方式

解構莊子的邏輯思維，重塑他的處世哲學

陳可抒 著

每個人的自在人生，都在莊子那裡。

目錄

第二篇

齊物論

第四篇

人間世 135

第五篇　德充符

第六篇

大宗師

自序　一位常被誤解的妙人

——陳可抒

莊子本是一位妙人，但是恐怕世人對他的誤解太多了一些。比方說，司馬遷在《史記》中這樣形容他：

其言洸洋自恣以適己，故自王公大人不能器之。

按照這種說法，莊子是一個很會講漂亮話的人，而這些話卻很不實用，所以王公大人都根本沒法起用他。但是，緊接著在下一句，司馬遷就不得不記錄這樣一個事實：

楚威王聞莊周賢，使使厚幣迎之，許以為相。

你看，一個只有洸洋自恣之言的人，怎麼會引得楚威王「許以為相」呢？這就說明了，司馬遷所謂「王公大人不能器之」的推測，必定有不實的成分。而既然楚威王願意以國相之重任來託付於他，不問可知，莊周必然是有一番經世之術的。

其實，老莊之學本來就是處世之學，也包含治世之學，人又哪能真的脫離世界而存在呢？只不過，他們講究「無為自化，清靜自正」，多數世人只看到「無為」、「清靜」這些法門，而忽略了「自化」、「自正」之根本目的，便覺得老莊之學虛無縹緲，不食人間煙火，殊不知大道本來就是虛的，唯其有了「化」、「正」之實，一切才有意義。老子講：「埏埴以為器，當其無，有器之用。」正是這個道理。換言之，孔孟楊墨等學說更像是一條修好的路，直接指引弟子到某個山頭去，老莊學說卻是贈予弟子一個施工隊，讓弟子自己修路去想去的地方。其實這是更加高明的手段，當然，正因為其高明，也便更容易遭到誤解。

那麼，為什麼要談「清靜」、「無為」呢？實際上，其核心要義應當是「清靜諸般雜念」、「無為各種狹行」，知行守一，以達到更高的境界，也就是所謂「逍遙」。《莊子》開篇講〈逍遙遊〉，開宗明義，便是這種精神：

北冥有魚，其名為鯤。鯤之大，不知其幾千里也。化而為鳥，其名為鵬。鵬之背，不知其幾千里也。怒而飛，其翼若垂天之雲。是鳥也，海運則將徙於南冥。南冥者，天池也。

鯤化為鵬，鵬怒而飛，北冥猶嫌不足，立志徙於南冥。這是怎樣一幅不斷進取的畫面！哪裡是狹義的「清靜」、「無為」呢？人在世間，所求者無非境界，所欲者無非逍遙，若想求得如此，則必須一心向前，而種種雜念、狹行便是阻礙所在，非要祛除不可。這才是「清靜」、「無為」的真意。哪裡才是前方？逍遙可有盡頭？在〈逍遙遊〉的鯤鵬故事之後，應和著這樣的索問，莊子的思辨也就漸漸地展開了。

故此，莊學本就是處世之學，它關注於如何解決問題。世人大多看到莊子的寓言波瀾詭譎，便贊服其神妙沖虛，其實，無論多麼華麗，它仍然是「埏埴以為器」一般的存在，通俗一點講，就是教化，其意義在於渡人，在於授人以漁。世人多陷於愚鈍，若不使用這種誇張的方式，他們又如何能看得見呢？於是，莊子把國家的戰爭比喻成蝸角虛名，把無用之事稱為屠龍之技，把人之淺薄類比為井底之蛙……。然而，即便如此，世人是否因此而紛紛醒悟了呢？顯然沒有。這又因為莊子之學講究尊重每個人的天性，堅持啟發，需要聽者去憑藉因緣自行體悟，而絕不願「指明」一條路教別人懵懵懂懂地走上去。畢竟，哪裡才是「明」呢？每個人的見解各有不同，答案又怎麼會相同呢？

所以，種種寓言也是悟道的法門而已，莊子並不看重它們，相反，莊子還常常強調：「大辯不言。」換言之，既然認識都有其局限，狀況都將會轉化，那麼，所有的言論無疑都是錯的。這個命題本身並不算深奧，不過，它卻幾乎野蠻粗暴地否定了一切，包括惠子、孔子、墨子……這些同時代的思想傳播者，當然，也包括莊子自己。那麼我們不禁要好奇地問，既然「大辯不言」，莊子又是如何看待自己所留下的種種言論的呢？

不必懷疑，在這個問題上莊子早已做到了自洽，在〈齊物論〉中，他曲折繁複地論證了這個命題，而在《莊子．內篇》的結尾，他又十分隱祕地提及了它，運用的是極其巧妙高明的寓言：

南海之帝為儵，北海之帝為忽，中央之帝為渾沌。儵與忽時相與遇於渾沌之地，渾沌待之甚善。儵與忽謀報渾沌之德，曰：「人皆有七竅，以視聽食息。此獨無有，嘗試鑿之。」日鑿一竅，七日而渾沌死。

它到底講什麼呢？千百年來人們對此眾說紛紜，既有人為渾沌之死而惋惜，又有人為儵忽之魯莽而感嘆。如果糾結於故事本身，那麼你就輸了，因為它根本就不是故事，而是一個極其高妙的比喻：北海之帝便是北冥之鯤，南海之帝便是南冥之鵬，渾沌便是莊子，鯤鵬來莊子處求天道之學，收益頗豐，謀報其德，便求莊子寫下《莊子．內篇》七章，以彰其義，一章便是一竅，鯤鵬自以為鑿開了智慧的七竅，可哪裡知道，天道本無定法，大辯不可言說，囿於此七竅之文字，結局便是死亡。換言之，莊子提倡的是天道，而不是什麼莊學，莊學因天道而生，也應當應天道而死，唯其如此，才是永恆。

這便是莊子的豁達，更是他學術的圓融，不僅如此，這一段本是〈應帝王〉的結尾，同時也作為《莊子．內篇》的結尾，明明在談帝王的主題，卻巧妙地引入了北冥、南冥之帝，從而恰好對開篇的〈逍遙遊〉做了神奇的呼應，從而使本書構成了令人驚嘆叫絕的迴環。奇妙吧？而它卻又不過只是《莊子．內篇》四個結尾中的一個而已。在《莊子》中，這樣的匠心巧運實在還有很多。

不同於《老子》的散言、《論語》的語錄、《墨子》的隨筆、《春秋》的微言大義，《莊子》的理論體系和論述體系盡皆完備。甚至可以這樣講：《莊子》的哲學邏輯和文學表達都是趨於完美自洽的，像一顆渾圓的珍珠，尤其是其〈內篇〉七章，前後勾連，互為表裡，每一章都指向主題，每一節都彼此呼應，每一段都精心編排，最終形成了一氣貫通的完美作品。

《莊子》寫得很綺麗，但那不過是他興之所至、信手拈來的幾枚花瓣而已，莊子真正的目的是要構建出一個嚴謹、完善的哲學體系，然後再將它內化於讀者的心中。不過，儘管並非刻意，其高超的文筆、深刻的思想、圓融的智慧，卻最終使文學和哲學在《莊子》這本書中珠聯璧合。不談其哲學，則不知其文學之壯美；不談其文學，則不知其哲學之深刻。文學與哲學相得益彰，共同屹立在人類思想文明史的巔峰，恐怕世間沒有第二本這樣的書了。

莊子是一位妙人，《莊子》是一本奇書，必定不容易參透，否則又怎麼能稱得上是高妙呢？我讀《莊子》便常常會有些新的領悟，這即是說：其一，我的見解往往和先賢們有所不同，其中必有誤解；其二，我此刻的見解也終將被新的看法所迭代。總之，大辯不言，天道永恆，此刻之言遠非大道，卻是為了求得大道，畢竟，誤解是通向真理的必經之路。那麼，我可以坦然地說：本書對莊子有新的正解，也有新的誤解；我們過去對莊子有所誤解，將來也一定會不斷地誤解下去。

第一篇

逍遙遊

一切逍遙的本質都指向一個命題——如何做自己。

世人多認為莊子承襲老子衣鉢，「清靜無為」，然而，在〈逍遙遊〉的開篇，莊子便展示了他宏大的志願——魚子化為巨鯤，鯤化為鵬，鵬怒而飛，身在北冥，卻又追逐南冥，不遺餘力——試問，這哪裡是「無為」呢？

其實，莊子之人生宏願便是探尋天道，並為此孜孜不倦，其精神積極而進取，其情懷浪漫而奇崛，其處世圓融而智慧，所謂「清靜無為」，不過是探尋天道的一個法門，不過是身處亂世一個小小的智慧罷了，哪裡是莊子的全部呢？

讀莊子，要先瞭解莊子的積極進取之智慧，再談清靜無為等法門，故此，《莊子》的開篇便是〈逍遙遊〉，先樹立境界，然後才是其他各篇的詳細辨析。

在〈逍遙遊〉一篇裡，莊子煌煌數言，侃侃而談，羅列神奇，講述了鯤鵬之大與蜩鳩之小，講述了宋榮子笑看世事與列子御風而行，講述了不龜手之藥與大瓠之用，凡此種種，多篇對比的故事，其實都指向一個命題：逍遙遊的本質——「知道」。

如何能夠「逍遙遊」？莊子的答案是：要認清大小的本質，要明瞭自己的位置，要知曉自己的不足，要開拓思路、追求更高遠的境界。這便是所謂「知道」：探知己之道，明知己之道不如天之道，求知天之道。

郭象對此有一段非常精要的評述：夫小大雖殊，而放於自得之場。則物任其性，事稱其能，各當其分，逍遙一也，豈容勝負於其間哉！

這即是說：

其一，明確差距。要承認小和大是有區別和差距的。莊子常常有「大即是小，小即是大」的闡述，但那只是看問題的方法，它只是辨明事物的相對論，並不是否定小和大的本來面貌。

其二，不爭勝負。小與大的區別不重要，不必爭出勝負。小和大只是生命中不同的階段，若是執著於其中的高下，又何以「逍遙」？

其三，自得其分。要「自得」，要「各當其分」。小有小的追求，大有大的目標，應當各自為此而努力，「物任其性，事稱其能」。

由此，我們便大略可以看出，其實莊子的學說充滿了進取的精神，而且，很有手段，很有方法，不用蠻力，尊崇智慧。至於「清靜無為」等號召，不過是揚棄與進取的法門而已，並非是真正的目標所在。

總之，富有大智慧的進取心，逍遙於本我，才是莊子學說的真諦，而如何獲得逍遙之遊，便是進入莊學的門徑。故此，整本《莊子》，開宗明義，第一篇便是〈逍遙遊〉。

北冥有魚，
其名為鯤。
鯤之大，
不知其幾千里也。
化而為鳥，
其名為鵬。
鵬之背，
不知其幾千里也。
怒而飛，
其翼若垂天之雲。
是鳥也，
海運則將徙於南冥。

南冥者，天池也。

寓言

・一個故事，寄寓聖言

《莊子》的開篇，是〈逍遙遊〉，而〈逍遙遊〉的開篇，又用極「逍遙」的方式講了一個「遊」於世間的故事。將艱深的道理隱喻在奇美的故事之中，僅憑此一節，便將莊子所獨有的浪漫雄奇的氣質表現得淋漓盡致。

耐人尋味的故事，遠勝於枯燥的說理。莊子的故事，結構繁複、內容豐滿、想像瑰奇、變化多端，絕不是尋常的街聞巷語，自然會引人入勝，使人愛不釋手。這使莊子在先秦諸子乃至整個中國文學中都具有不可比擬的美。

鯤是大魚嗎？鵬是大鳥嗎？

・一個故事，三重立意

我們都知道「鯤鵬水擊三千里」，這是極大的氣勢，但實際上，探究「鯤」字，其本義卻是魚子、魚苗，是小到不能再小的魚，而鵬呢，恐怕是莊子創造出來的一種鳥，牠來源於「朋」，本意是聚集而飛的小鳥。咦！明明都是極小之物，為何卻要專寫其大呢？這便是莊子獨特的哲學蘊含了！含義有三：

其一，小即是大，大即是小。

和凡人比，幾千里便是大；和宇宙比，幾千里便是小。若是沒有具體的語境，談論大小便毫無意義。跳脫出思維的局限，便有別樣的收穫。

其二，小大將轉化，事物會成長。

今日之幾千里巨魚，正是當時小小的魚子；今日之幾千里大鵬，正是當時群飛的小鳥。何必以小來一概視之？何必以大來一概而論？大小將會轉化，切莫被已有的成見所拘束。

其三，名稱只是代號，內涵才有意義。

身為巨魚，名卻為「鯤」，又有什麼不可以呢？世間所有的事物，本質上都是「名」、「實」互不相符的。探求其「實」，莫要被其「名」所矇蔽，才會獲得真理。看！如此豐富的含義，卻可以透過一個故事、幾處用字，又深刻又生動地表現出來；反過來想，也只有用如此精妙的文學手法，才能講出如此深刻的哲學含義，且不枯燥、不呆板。這便是《莊子》的魅力了！

有些人讀到這裡，認為「鯤」太小，不符合「幾千里」的描寫，便將「鯤」擅自改為「鯨」，以為「鯨」更大一些。這才大錯特錯！而且弄巧成拙，錯得很庸俗。試問，難道「鯨」就有幾千里嗎？以北冥的視角來看，人間之所謂「鯨」，其實不過還是小小的「鯤」而已。

北冥雖大，豈是囚我之所？

・第一種視角：講述者點出問題的核心

北冥，也即是北溟，即是北海，但若是將其簡單地理解為北海，那便失去了莊子的原意。冥，溟漠無涯，浩渺無邊，豈是一個「海」字能夠擔得？有意思的是：既然是寬廣無垠的北冥，那麼，鯤與鵬雖然如此巨大，也自然是可以容納得了的；然而，鵬卻決心乘著「海運」（也就是海勢）去往南冥，也就是天池，那裡也許更寬廣、更浩渺。

鯤鵬生長在北冥，北冥也足夠廣大，然而，這就是使我一生困在此處的理由嗎？南冥地處另外一端，極其遙遠，且僅僅是聽說而已，不知道其實際情況，然而，這就是能夠制止我前去的阻礙嗎？北冥，暗示為「地池」，南冥，明示為「天池」，努力追求，由地徙於天，便是人生的原動力。然而，即便南冥並非天池，我們就必須要困於地池之中嗎？一切未知之風景不都是我心中之天池嗎？故此，即便那裡不寬廣、不浩渺，去往南冥亦是必做之事。

鯤化為鵬，「怒而飛，其翼若垂天之雲」，一個「怒」字，便是其精神的最好寫照。人生於世，便有源源不斷的精神，有什麼能阻止我們不斷前行，去追逐更好的風景呢？鯤，本是小小的魚子，卻逐漸化為巨魚，巨魚猶不自滿，又化為會飛的大鵬，仍不停歇，又打算從北冥飛往南冥。這不正是莊子的進取精神嗎？永不止步，永不停歇，這才是莊學的宗旨。

北冥已經足夠廣闊，鯤鵬之變化也已經足夠驚人，然而，一切仍然不能使人饜足，這不正是人類與生俱來的探索精神嗎？眼前的故事已經足夠神奇，而背後的故事還將千變萬化，這不正是人類所熱愛的無止境的求知嗎？北冥雖大，豈是囚我之所？鯤鵬變化，人生豈止於此？莊子在開篇即寄寓主旨，隱隱拋出「人要去往何方」的大命題，之後，又從各個角度對此加以闡釋。

《齊諧》者，志怪者也。《諧》之言曰：「鵬之徙於南冥也，

水擊三千里，

摶扶搖而上者九萬里，

去以六月息者也。」

野馬也，塵埃也，

生物之以息相吹也。

天之蒼蒼，

其正色邪？

其遠而無所至極邪？

其視下也，

亦若是則已矣。

《齊諧》的記錄，成就的記錄

•第二種視角：旁觀者只關注成功的光鮮

《齊諧》是一本書，專門記錄世間神奇之事。莊子在講述了鯤鵬的故事之後，忽然引用了《齊諧》對於鯤鵬的記載。仍然是同樣一個故事，換一個視角，便又多了許多深意：

首先，《齊諧》的切入點不同。

《齊諧》並沒有記錄鯤、鯤化為鵬、鵬之怒、鵬欲乘海運等事，只是由一個結果寫起：「鵬之徙於南冥也。」這不正是旁觀者常有的視角和心態嗎？

人若成了英雄，完成了某項壯舉，類似「鵬之徙於南冥」，便會贏得世人的關注，便會有《齊諧》這樣的書來加以描寫，並且，只對其壯舉大書特書。當年如何發心？如何變化？如何奮進？如何化為巨魚、巨鳥？如何躁動不安？如何怒而飛？往往會一帶而過，甚至不以為然。

大鵬成功地「徙於南冥」，便贏得了世人的關注和尊重。有多少人也曾一點一滴地努力，化魚、化鳥，經歷種種磨難，卻不幸最終倒在南冥之前。這樣的人，怎麼會被《齊諧》所記錄呢?他們連關注度都沒有，又怎麼會獲得榮耀呢?

其次，《齊諧》的側重點不同。

小魚、小鳥成長為巨鯤、大鵬，「不知其幾千里也」，然後「怒而飛，其翼若垂天之雲」，這些景象難道不壯觀嗎?當然壯觀。只不過，這是當事人心中的壯觀，旁觀者所關注的壯觀，卻是「水擊三千里」、「摶扶搖而上者九萬里」這些成功之後的壯闊。

鯤「化而為鳥」，必定有其艱辛，然而卻無人關注;鵬徙於南冥，六個月才得以休息（「去以六月息者」），亦有許多困苦，卻被世人所銘記。艱苦的本質沒有分別，不同的是各自的內心及其視角。

這一段，莊子假托《齊諧》之名，巧妙地給出了第二個視角，即世人的視角，與之前講述者的視角兩下對照，便又發出深意。《齊諧》之書不一定真有，莊子的巧筆卻實在令人讚嘆!如此簡潔的一個故事，莊子卻又從另外的角度給出新奇的解讀，其筆法當真是詭譎壯闊!

大鵬看到了野馬與塵埃

‧第三種視角：當事者關心成長與未來

旁觀者憑藉自己獵奇的心態而指指點點，這些對當事者其實毫無意義，吸引他的是另外的景色：

其一，享受收穫的樂趣。

大鵬在高空中翱翔，看到了世間萬物不過是野馬塵埃，生生不息，以氣相吹。這不正是「會當凌絕頂，一覽眾山小」的感受嗎？想當年，身為魚子，如此渺小，猶如滄海一粟，亦是野馬塵埃；現如今，俯視世間，成了野馬塵埃的俯瞰者，境界變得高遠而通達。這不正是成長所帶來的收穫嗎？

其二，關注未來的成長。

大鵬還看到「天之蒼蒼」，這是天的本色嗎？天是如此遙遠而沒有盡頭的嗎？大鵬已經飛到如此高度，卻依然有很多未知，此時再看看身下的野馬塵埃，那些已知之事，亦不過如此，那麼，是應該停滯不前，還是繼續前進，就無須再多說了吧！

這就是莊子所給出的第三種視角，大鵬的視角，再與之前的旁觀者的視角相比，便又有了新的深意。

且夫水之積也不厚，
則其負大舟也無力。
覆杯水於坳堂之上，
則芥為之舟。
置杯焉則膠，
水淺而舟大也。
風之積也不厚，
則其負大翼也無力。
故九萬里則風斯在下矣，
而後乃今培風；
背負青天而莫之夭閼者，

鯤化為鵬的自我總結

・第三種視角（續）：當事者善於總結經驗

正在空中翱翔之時，除了眼前所看到的野馬、塵埃，大鵬也在回顧與總結。

首先是水。

「水之積也不厚，則其負大舟也無力。」其實，所積累的並不是水，而是自身。從魚子到巨鯤，自身慢慢成長，便能感到水在漸漸變「淺」，最後「化而為鳥」，不正是因為「水淺而舟大」嗎？

其次是風。

「風之積也不厚，則其負大翼也無力。」其實，所積累的並不是風，而是自身。大鵬也在逐漸成長，直至升入九萬里高空，「背負青天而莫之夭閼」，最後將要去往南冥，不也是因為風「淺」的緣故嗎？

此時，大鵬為何要反思水之積、風之積呢？因為水之積是鯤成長之祕訣，而風之積是鵬成長之祕訣。飛至南冥以後，一切又當如何呢？此時尚且無法預測。但可以肯定的是，大鵬仍然會繼續成長，會因為「水淺而舟大」而繼續有所變化，畢竟，這是生命的原力。

蜩與學鳩笑之曰：「我決起而飛，搶榆枋而止，時則不至，而控於地而已矣，奚以之九萬里而南為？」適莽蒼者，三餐而反，腹猶果然；適百里者，宿舂糧；適千里者，三月聚糧。之二蟲又何知？

小知不及大知，小年不及大年。奚以知其然也？朝菌不知晦朔，蟪蛄不知春秋，此小年也。

楚之南有冥靈者，以五百歲為春，五百歲為秋；

上古有大椿者，以八千歲為春，八千歲為秋，此大年也。而彭祖乃今以久特聞，眾人匹之，不亦悲乎！

蜩與學鳩心虛而嘲笑

・第四種視角：退縮者慣於自我安慰

大鵬背負青天，且飛且思考，《齊諧》記錄了牠的成就和榮耀。那麼，還有一些人，飛得不如大鵬那麼高，他們在做什麼呢？

蜩與學鳩是小蟲，不能與大鵬同行，亦不能與大鵬同類，便在大鵬看不見之處議論牠，「笑之」，其笑有二：

其一，艱苦。

小蟲之飛，只須「決起」，剎那之間即可決定，可以率性而為，便不必像大鵬那樣勞於心力，苦苦地準備，一定要等待「海運」才能借勢而飛。

其二，風險。

倘若小蟲沒有一口氣飛到目標，只是「控於地而已矣」，何險之有？想那大鵬，飛至如此高空，路途如此遙遠，一旦精疲力竭，稍不注意，恐怕會摔個粉身碎骨！

誠然，只是去外面轉一轉，便不需要什麼準備，要去到幾千里外，則非要準備足夠的乾糧不可，這都是很簡單的道理。然而，在不同的選擇背後，其艱苦和風險，是否人人能夠懂得？其信念和收穫，又是否人人能夠懂得？

每個人都會面對世界，忖度自身，立下志向，許多人的志向都很不平凡，彷彿有種「怒而飛，其翼若垂天之雲」的氣勢。當然，這志向自是愈高遠愈好，然而，有多少人在此同時也積極地「三月聚糧」了呢？所謂「聚糧」，不只是一般的物質基礎，也包括決心和信念這樣的精神基礎，如此才能克服困難，毫不退縮，直至抵達目標。那麼，在真正的路途當中，在卓絕的艱苦和生死的風險面前，有幾人能像大鵬一樣意志堅定地前進呢？

「小知不及大知，小年不及大年。」世人以為幾百歲的彭祖已是長壽，豈不知，他遠遠不及壽命更長的冥靈和大椿。這樣的短見，不正類同於「朝菌不知晦朔，蟪蛄不知春秋」嗎？不也正是蜩與學鳩滿足於「搶榆枋而止」的見識嗎？如此自滿於現狀，怎可獲知更加高遠的風景呢？

其實，蜩是昆蟲，本是小知中的小知，學鳩是小鳥，本是小知中的大知，牠們飛行的時候並不同群，原本不是一類。然而，看到大鵬如此出色的成就，牠們無法跟隨，又心有不甘，便在心虛之餘給自己找了若干藉口，然而還嫌不夠，便又找到「志同道合」的同黨彼此安慰，互相打氣。這不正是那些差勁的退縮者慣用的伎倆嗎？

湯之問棘也是已。
窮髮之北，有冥海者，天池也。
有魚焉，其廣數千里，
未有知其修者，其名為鯤。
有鳥焉，其名為鵬，背若太山，翼若垂天之雲。

摶扶搖羊角而上者九萬里，絕雲氣，負青天，然後圖南，且適南冥也。斥鴳笑之曰：「彼且奚適也？我騰躍而上，不過數仞而下，翱翔蓬蒿之間，此亦飛之至也。而彼且奚適也？」此小大之辯也。

湯以鯤鵬故事為教材

• 第五種視角：有志者善於抓住要點

身為退縮者的蜩與學鳩僅僅是躲在幕後，指指點點，熱衷於發表自己的意見，那麼，還有一些像鯤鵬一樣的有志者，其表現又是怎樣的呢？

湯是有道的君主，立志要做一番大事業，所以，他既關注了鯤鵬後期的成就，也關注了鯤鵬初期的艱辛，既關注了鯤鵬的決心，也關注了背後的議論。在湯與棘的談話中，他們把鯤鵬的故事從頭參悟了一遍，因為有了明確的目標，便對其中的一些要點極為關注，故而呈現出十分不同的視角：

其一，關注了事件的全過程，而不是管中窺豹。

在之前的文字裡，莊子已經對鯤鵬故事展示了四個視角，然而，每一個視角都是其中的片段，只有在湯與棘的討論中，整個故事才一併完整地串聯起來，這是由出發點的不同而導致。

以鯤鵬的結局而言，開篇故事只是講到「圖南」即止，意在鼓勵進取；《齊諧》只是記錄了「適南冥」之結果，意在記載奇觀；大鵬只是展示了「適南冥」過程中的景觀與反思，意在思故圖新；蜩與學鳩只是單純地加以評論，意在掩飾心虛；牠們都只是割裂地關注其中的局部而已。

唯有湯與棘，從窮髮之北開始推演整個事件，關注事情的每一個環節，尤其是「絕雲氣，負青天，然後圖南，且適南冥」這樣一個連貫的過程，其中包含著完整的邏輯和具體實施方案，這是有志者才會具備的全局視野。

其二，關注了確切的細節，而不是泛泛之談。

湯所關注的細節，包括確切的地點、鯤的成長過程、鵬的飛翔過程等，其他人抱以看熱鬧的心態，便往往容易忽略。

別人口中的「北冥」，在此便是「窮髮之北，有冥海者」，雖然只是多了少許的細節，卻體現出湯對於此事件真實性的關注；別人口中的「鯤之大，不知其幾千里也」，只是談論其「大」，在此便是「其廣數千里，未有知其修者」，透露出問詢細節而未得的遺憾之情；鵬之飛翔，在此亦是「摶扶搖羊角而上」，相比於《齊諧》之中的「摶扶搖而上」，「羊角」無疑是內行人才會關注的具體手法與門道。

其三，關注了議論者的態度，而不是心理活動。

鯤鵬之驚人壯舉，除了會贏得無數讚歎，也必然會招致一些非議。蜩與學鳩、斥鴳，都曾對此事加以嘲笑。在此，湯所注意的只是斥鴳反覆地議論「彼且奚適也」，這表明了小鳥不能理解大鵬的遠大目標，同時，亦表明了鵬適南冥之事並無根本的問題，坊間的種種議論不足為意，而斥鴳是否像蜩與學鳩一樣因畏懼而逃避、因心虛而掩飾，湯並沒有關注。那並不是有志者要考慮的事情！

仍然還是同一個故事，由於講述者的不同，其呈現的重點和細節也就大相逕庭。湯的關注具有全局性，注重實施的具體細節，亦會過濾不必要的訊息，這便是有志者的視角。

鯤鵬的故事，一波幾折，至此才算是完全結束，這個故事本身已經很奇幻了，莊子卻用了五個視角來分別講述，變幻多端，汪洋恣肆，正是莊子獨特的雄奇之處！

故夫知效一官，行比一鄉，德合一君，而徵一國者，其自視也，亦若此矣。而宋榮子猶然笑之。且舉世而譽之而不加勸，舉世而非之而不加沮，定乎內外之分，辯乎榮辱之境，斯已矣。彼其於世，未數數然也。雖然，猶有未樹也。夫列子御風而行，泠然善也，旬有五日而後反。彼於致福者，未數數然也。此雖免乎行，猶有所待者也。若夫乘天地之正，而御六氣之辯，以遊無窮者，彼且惡乎待哉！故曰：至人無己，神人無功，聖人無名。

宋榮子猶然笑之，列子猶然等待

・故事餘音：天地依然廣闊，猶非鯤鵬所及

上文中，湯對鯤鵬的關注，表明了他是一位有志者。然而，宋榮子「猶然笑之」，因為鯤鵬的故事只是小大之辯，只是一種認識論，而逍遙遊的真正訣竅卻並不在於此，而是另有一套方法論。

訣竅之一：定乎內外之分。

以個人而言，內心之外，全是外物，必須要確定地知曉內外的分別。譬如，鯤鵬的故事足夠精彩，但那依然是外物，對湯而言，難道從中悟出了小大之辯，又因此而受到激勵，便可以逍遙遊了嗎？當然遠遠不夠，更重要的是闡明自己的內心，篤定內心的目標。

訣竅之二：辯乎榮辱之境。

雖然內心最為重要，但是人亦不能脫離外物而存在，鯤鵬的激勵是外物，斥鴳的譏笑也是外物。按照莊子的學說，榮與辱都是客觀存在的事實，且都會對內心產生不可忽視的影響，我們要做的是將它們辯證清楚，而不是一味地否定之、無視之。

譬如說，「舉世而譽之而不加勸」，其含義是說，即使全世界都在讚揚你，也不必因此而受到激勵，那些只是外像，真正使你受到激勵的，應當是內心的堅定；「舉世而非之而不加沮」也是同樣。聽了鯤鵬的激勵，應當有所感悟，而並不受其蠱惑；聽了斥鴳的譏笑，應當有所警覺，且不受其擾動。

小大之辯，只是認識論，切不可停留於此；定乎內外之分，辯乎榮辱之境，也只是方法論，亦遠未到大道的終極。宋榮子並不「數數然」地追逐名利，可稱是超脫於外物了，但他仍然有更高的境界要去追求、去樹立；列子並不「數數然」地追逐清福，也已經可以御風而行了，可算是已有小成，但他仍然要借助風力，還談不上逍遙。

至人無己，神人無功，聖人無名

・逍遙遊立言小結：三種準則，因人而異

〈逍遙遊〉以鯤鵬的故事為開篇，以五種視角來反覆闡述，至此，莊子給出了全篇的總結：至人無己，神人無功，聖人無名。

若是確定了自己的內心，並且篤定地遵從、追求，不受外物的擾動，這便是至人了。而如何判斷呢？如果他不去「數數然」地追逐私利，從而迷失了自己的本心，那麼，便知道他可以不受外物的困擾。這便是「至人無己」。

天地間仍有一些人，不滿足於日常個人的生活，而是追逐一些成就，譬如報效一方、德行一鄉、造福一國等，以某項福祉為自己內心的目標，這便是神人。他應當「無功」地去實踐自己的理想，而不是「數數然」地追逐表面的功績。這便是「神人無功」。

還有一些人，不拘於個人的境界，亦不囿於一國一地的得失，而是去追逐天地的大道，這便是聖人。聖人容易為名聲所累，所以應當警惕，應當參悟真正的大道，而不是「數數然」地追逐盛名。這便是「聖人無名」。

至人、神人、聖人，其實是個人的三種境界，並無高低之分，只是因為內心的狀況不同，便須面對不同的外物。無己、無功、無名，各是至人、神人、聖人所不同的警惕所在。

由此我們亦可以知曉：小大之辯只是莊子學說中認識世界的一個法門，「小知不及大知」只是客觀地說明了「小知」在認識上的局限；然而，亦不存在絕對的「大知」，畢竟大小只是相對的，沒有永恆之大，亦沒有永恆之小。

就現實世界而言，人可以為至人，可以為神人，可以為聖人。再以聖人而言，其中有「大知」的聖人，亦有「小知」的聖人，一切都是相對而論，沒有絕對的高下之分。人們應當參定自己的本心，不斷地突破自己的局限。

若是強調大小的絕對，一味追求「大知」，則無可行之處；若是強調大小的相對，毫無追求，則一切無意義。所以，不僅要有「小大之辯」的認識論，更要有「定乎內外之分」的方法論。而在具體的方法上，無非便是三種：至人無己，神人無功，聖人無名。

若是「知效一官，行比一鄉，德合一君，而征一國」，則只是粗通了「小大之辯」的認識論，難怪宋榮子「猶然笑之」。真正知曉無己、無功、無名，才算是找到了逍遙遊的門徑。

至此，「逍遙遊」的立言便告一段落，後面還有幾個寓言故事，是對以上立言的例證和多角度闡釋。

這一段收尾的闡釋引出了「定乎內外之分」的道理，這正是莊學重要的理論基石之一，下一篇〈齊物論〉將對此展開深入的討論，並以「吾喪我」為切入點，這亦是「至人無己」的一種闡釋。

堯讓天下於許由，曰：「日月出矣，而爝火不息，其於光也，不亦難乎！時雨降矣，而猶浸灌，其於澤也，不亦勞乎！夫子立而天下治，而我猶尸之，吾自視缺然，請致天下。」

許由曰：「子治天下，天下既已治也。而我猶代子，吾將為名乎？名者，實之賓也，吾將為賓乎？鷦鷯巢於深林，不過一枝；偃鼠飲河，不過滿腹。歸休乎君，予無所用天下為！庖人雖不治庖，尸祝不越樽俎而代之矣。」

許由拒絕越俎代庖

・逍遙遊寓言之一：天下雖大，非吾所用

在給出了「至人無己，神人無功，聖人無名」的方法論後，莊子又講述了幾個故事，來加以輔助說明。

堯想要讓天下給許由，卻被許由以「越俎代庖」的比喻給拒絕了，這便是「聖人無名」的體現。而此中有幾處細節頗可使人留心：

其一，堯之才能不如許由。

按照堯的說法，堯是爝火、浸灌，許由是日月、時雨，也即是說，堯的才能要遠遜於許由。而許由聽了此話，並未加以反駁，而是默然接受，甚至還用了「庖人雖不治庖」的比喻暗示堯確實存在才不配位的情況。

其二，許由不因才能而拒絕。

許由拒絕的兩條理由都完全出於自我的考慮：首先，我不可為名而治天下；其次，天下對我無所用，真正有用的，不過是一根樹枝和飽腹之水而已。

其三，許由考慮的是天道。

許由的拒絕，也出於他對於大道的理解：堯如同庖人，就算不治庖，也應該在庖人之位；許由如同祭祀，自有其位，不可以越俎代庖。

許由的拒絕，所遵循的自然是「聖人無名」的方法論了，然而，再從細節上探究，我們會發現：其一，許由不因才能高於堯而接受天下，這便是「舉世而譽之而不加勸」；其二，許由考慮自己治天下是否為名、是否有用，這便是「定乎內外之分」；其三，許由給出「越俎代庖」的比喻，這便是「大知」的視角，體察世間的規律。凡此種種，盡在前文的論述當中。

肩吾問於連叔曰：「吾聞言於接輿，大而無當，往而不返。吾驚怖其言，猶河漢而無極也，大有逕庭，不近人情焉。」

連叔曰：「其言謂何哉？」

曰：「藐姑射之山，有神人居焉。肌膚若冰雪，綽約若處子。不食五穀，吸風飲露。乘雲氣，御飛龍，而遊乎四海之外。其神凝，使物不疵癘而年穀熟。吾以是狂而不信也。」

連叔曰：「然。瞽者無以與乎文章之觀，聾者無以與乎鐘鼓之聲。豈唯形骸有聾盲哉？夫知亦有之。是其言也，猶時女也。之人也，之德也，將旁礴萬物以為一，世蘄乎亂，孰弊弊焉以天下為事！之人也，物莫之傷，大浸稽天而不溺，大旱金石流、土山焦而不熱。是其塵垢粃糠，將猶陶鑄堯、舜者也，孰肯以物為事！」

「宋人資章甫而適諸越，越人斷髮文身，無所用之。」

「堯治天下之民，平海內之政。往見四子藐姑射之山，汾水之陽，窅然喪其天下焉。」

藐姑射之山何必爭執

‧逍遙遊寓言之二：未知之事，非我所議

藐姑射之山是「楚狂」接輿所描繪的神山，肩吾表示很懷疑，便問詢連叔，卻得到了連叔的兩重批評。

首先，連叔認為肩吾對於未知之事過於武斷，不夠敬畏。盲人看不見文章之美，聾者聽不見鐘鼓之聲，而在某些未知的領域，我們是否如同盲人、聾者一樣無知呢？誠然，接輿所描述的藐姑射山不一定是絕對正確的，但你可以用事實來駁斥它，卻不能因為這個說法很「狂」、超出了自己的理解力而否定它。如果不能否定，說明你對此便沒有足夠的認知，那麼，你又哪裡來的自信呢？請保持一定的敬畏感吧！

其次，連叔認為肩吾看待問題標準過於單一，不夠開放。肩吾認為接輿的說法「不近人情」，故而不信。其實，肩吾所謂的「人情」，不就是自己私人的標準嗎？哪裡能夠代表所有人呢？連叔一針見血地告訴肩吾：藐姑射山上的神

人心中所念的是「旁礴萬物」，並不在乎治理亂世，連堯舜都不看在眼裡。這樣的想法與肩吾等人的想法當然大相逕庭，可是，它又是確確實實存在的，至少，面前的連叔便堅定地持此見解，怎麼能說這種說法「不近人情」呢？

世人都知曉「小知不及大知」的道理，然而，一旦到了認知的關頭，又有誰能真正勘破這個義理呢？肩吾在此有兩種代表性的心魔：其一，所謂「狂」，即超出自己的知識範圍；其二，所謂「不近人情」，即不符合自己的標準。

對於未知的事物，如果它「狂」、「不近人情」，便一定不存在嗎？當然不是。個人的智慧就算再廣闊，與宇宙相比，又該是多麼渺小呢？一切應當保持敬畏才是。

最後，連叔又講了一個小故事：宋人自以為很好的禮帽，拿到越國，不承想越人卻以斷髮文身為美，禮帽便一頂也賣不出去。不同之時，不同之地，標準大不相同，怎能用自己的標準來判定一切呢？肩吾武斷地評價藐姑射之山，不正如同宋人想像越國一樣無知嗎？

接著，連叔又故意說：曾有一次，堯將天下治理得很好，跑到了傳說中的藐姑射之山，見到了四位神人，便悵然若失，忘記自己的天下了。連叔以敘述事實的方式來講述此事，正與接輿之說相呼應，這個極為巧妙的回應方式，其目的是反問肩吾：

第一，不僅接輿聲稱藐姑射之山是真的，現在連叔也這樣講了，那麼，它究竟是否可信呢？

第二，如果肩吾因此便認為藐姑射之山是真的，那麼，難道說的人多了，一件事情就可以使人不再懷疑了嗎？

第三，如果肩吾依然認為藐姑射之山是假的，並不相信連叔，那麼，肩吾來詢問連叔的目的是什麼呢？這是求知的態度嗎？

第四，如果問到了所謂的答案，卻沒有能力判斷，這樣的問詢有意義嗎？……

連叔的回應很妙，它使肩吾墮入到一個荒謬的狀況之中，無論肩吾怎樣選擇，後面都會有更多的難題等著他。這一切似乎是無解的，但實際上，其源頭在於肩吾最初斷言的荒謬，若是對於未知之事能夠保持敬畏，亦不陷入爭辯，後面這些毫無意義的問題也就不復存在了。

如此妙趣的回應方式出自連叔之口，不過也是為莊子代言罷了。更加有意思的是，接輿和堯都是歷史上真實記載的人，反而肩吾才是傳說中真偽難辨的神仙。一個不真實的人

（肩吾）反而來質疑真實的人（接輿）的說法，那麼，對於讀者而言，這個事情可聽還是不可聽呢？其中的道理可信還是不可信呢？這又是莊子故意設下的一個迷局，又是一重有趣的思辨。

惠子謂莊子曰：「魏王貽我大瓠之種，我樹之成而實五石。以盛水漿，其堅不能自舉也；剖之以為瓢，則瓠落無所容。非不呺然大也，吾為其無用而掊之。」莊子曰：「夫子固拙於用大矣。宋人有善為不龜手之藥者，世世以洴澼絖為事。客聞之，請買其方百金。聚族而謀曰：『我世世為洴澼絖，不過數金；今一朝而鬻技百金，請與之。』客得之，以說吳王。越有難，吳王使之將。冬，與越人水戰，大敗越人，裂地而封之。能不龜手，一也，或以封，或不免於洴澼絖，則所用之異也。今子有五石之瓠，何不慮以為大樽而浮乎江湖，而憂其瓠落無所容？則夫子猶有蓬之心也夫！」

不龜手之藥有用還是無用

・逍遙遊寓言之三：若有大知，便成大用

惠子故意用一個問題來難為莊子：有一個特別大的葫蘆，能夠如何使用呢？在此，他還特意加上了兩個限定條件：其一，葫蘆不夠結實，若是裝水就會被壓裂；其二，若是剖成瓢則太大了，沒有容納的地方。

從這兩個條件可以看出，這是惠子特意設置的難題之局。葫蘆的通常用途無非就是兩種，裝水或者剖瓢，而惠子特意把這兩個選項全部封死，既不能裝水，又不能做瓢，還有什麼用途呢？難道莊子竟會硬生生變出來一種嗎？

面對惠子這兩個奇怪的限定，莊子一眼看破，並且用一句話便占據了上風：「夫子固拙於用大矣！」其實就是在批評惠子說：小知不及大知，你沒有我這樣的大知，何敢前來挑戰！

其實此時莊子心中已有答案，但若是直截了當給出，則不過一兩句話而已，氣勢上顯得不夠充足，於是他便先講了一個有趣的故事：宋人有不龜手之藥，卻沒有「大知」，只

能用於漂洗絲絮；某位客人卻很識貨，將之獻給吳王，用於保衛國家的戰爭，以此獲得封地。這位客人顯然比宋人要高明多了，而且，宋人世世代代聚族而謀，其價值才值數金，連客人隨手甩來的百金都遠遠難比。如此，小知與大知，宋人與客人，惠子與莊子，究竟誰更高明，還用說嗎？

做足氣勢之後，莊子也給出了他的答案：何不繫於腰身，借助於它的浮力而遍游江湖呢？如此一來，這便不再是個尋常的葫蘆，只能用於盛水、盛物，而是成了世所罕見的寶物了！

這真是一個具有大智慧的回答！老子也曾經說過：「埏埴以為器，當其無，有器之用。鑿戶牖以為室，當其無，有室之用。故有之以為利，無之以為用。」既然不許用這個葫蘆盛水、盛物，那麼乾脆發揮其更「無」之用。看問題換一個角度，提升一個層次，果然就能變廢為寶。

至此，莊子大獲全勝，便趁勢給出最後一擊，直接面斥惠子，稱他的心被茅草堵塞了。其實，堵塞惠子之心的哪裡是蓬草呢？明明是缺乏敬畏與故步自封使然。

這一段，莊子先是進行「固拙於用大」的嘲笑，再是「聚族而謀」而不成的諷刺，又是「有蓬之心」的直斥，對惠子酣暢淋漓的三連擊，正向我們展示了「小知不及大知」的道理，他就像飛在九萬里高空的逍遙的大鵬，充分地展示了「大知」的愉悅和暢快！

惠子謂莊子曰：「吾有大樹，人謂之樗。其大本擁腫而不中繩墨，其小枝捲曲而不中規矩。立之涂，匠者不顧。今子之言，大而無用，眾所同去也。」

莊子曰：「子獨不見狸狌乎？卑身而伏，以候敖者，東西跳梁，不避高下，中於機辟，死於罔罟。今夫斄牛，其大若垂天之雲。此能為大矣，而不能執鼠。今子有大樹，患其無用，何不樹之於無何有之鄉，廣莫之野，彷徨乎無為其側，逍遙乎寢臥其下。不夭斤斧，物無害者，無所可用，安所困苦哉！」

無何有之鄉即是我心

• 逍遙遊寓言之四：若知天道，便是逍遙

惠子在第一個問題上完敗，很不服氣，計上心來，又有了第二個問題：大而無用的樹，其意義在哪裡呢？

和上一個問題很相似，惠子也是一上來就進行了各種限定，勾畫出一棵既不中繩墨又不中規矩的樹。大概是惠子認為在上一個題目中還是給莊子鑽了空子，故而在這個題目中，特意地堵上所有的可能，直接定義這棵樹「大而無用」，以至「眾所同去」，無人認為它有用。

即便如此，莊子也依然對答如流，而且也先講了一個小故事：小獸善於捕鼠，卻也容易因此而死；犛牛不會捕鼠，卻不屑於此。

這個故事暗諷了惠子思維的局限：某些具體的技能，比如捕鼠，必然有其局限所在，怎能成為評價一切的標準呢？

如此一來，惠子布下的困局便又被莊子破解了：工匠們所謂「無用」的評價，就如

同捕鼠的技能一樣，怎能成為評價一切的標準呢？工匠們的「無用」，也正是生命的「有用」，且讓它自由地成長，不必擔心斧頭的加害，該有多麼好呢！

雖然惠子兩次出的題目很類似，但這一次莊子的回答卻完全不同：莊子從全新的角度闡述了小大之辯的方法論，所謂「用」也可以辯證地轉化。

如果說，在第一個問題上，惠子是為了較量智慧，那麼，在第二個問題上，惠子便純粹是為了駁倒莊子而辯論了。對此，莊子則給出了十分漂亮的回應：糾結於爭辯是毫無意義的，不如追逐智慧的增長，瞭解並順應天道，才是真諦。

在這一節，莊子一改之前咄咄逼人的口吻，而是乾脆俐落地進行解答。——既然棒喝也無法使對方醒悟，又何必再糾纏呢？不如將大智慧直接展示出來吧！然後便抽身而去，不必在此多做停留。

本篇名為〈逍遙遊〉，前半段在展示不同的角度看待逍遙的視角，以此立言，後半段共有四個寓言，前兩個寓言用來打破執念，後兩個寓言展示逍遙之境。怎樣才能展示逍遙呢？最妙的當然是立言者莊子親力親為——只有大鵬飛到了南冥，才會得到《齊諧》的認可，人間之事不都是如此嗎？

故此，莊子在上一個故事中展示了智慧的表象，在這個故事中又展示了智慧的境界。大知便是逍遙，大知便是天道。若是能像莊子這棵大樹一樣，將自己樹立在「無何有之鄉」、「廣莫之野」，人世間的種種糾纏又怎能使其困苦呢？何愁不逍遙呢？

所謂「無何有之鄉」，並非處所，而是心境。世間既有至人，也有神人和聖人，只要「定乎內外之分」，便可以「至人無己，神人無功，聖人無名」，便可以不斷地達到更高的境界。同在一個俗世之中，惠子視莊子為辯論的敵手，木匠們看他是無用的大樹，其實他是無何有之鄉的無限逍遙。

第二篇

齊物論

世間所有事物分為兩種，一種叫作外物，一種叫作內心。

首篇〈逍遙遊〉已經辨明：不斷進取、探知內心，才會有無限的逍遙。而具體的方法究竟如何呢？這便是本篇〈齊物論〉要著重討論的內容。

莊子一再推崇「至人無己」，這既是一種法門，也是一種理念，其中思想的源頭之一是「吾喪我」，也即是今天我們所講的「喪失自我」，本篇即由此開始闡述。

如何才能做到「至人無己」？其前提便是「定乎內外之分」。比方說，人有「我」才得以逍遙，而哪些是「我」，哪些不是「我」呢？「我」究竟在何處？其實這是極難分辨的，它是人類哲學史上永恆的難題。

世上之事大抵如此：對於某物，我們只能分辨出它不是什麼，卻很難定義它是什麼。「我」也概莫能外。那麼，既然無法定義內心，莊子的立言便從外物開始，因為，內心之外皆是外物，凡是外物者，便不是內心，這便是「齊物論」的意義。

所謂「齊物論」，是「齊物而論」之意，將所有外物概而論之，不屬於外物之物，便是內心。這不正是「定乎內外之分」最有效的方法嗎？

許多人將「齊物論」理解為「物齊」之論，即天下之物，並無大小高低之分別，大者亦小，小者亦大。這個解讀雖然也符合莊學的內涵，然而卻不免片面，難以概括本篇的真意。須知，本篇立言，核心不是「齊」，而是「物」，論物以明心。

本篇先統一認識，分辨「吾」與「我」的不同，也即是「物」與「心」的不同，最後得到「物化」、「以明」的結論。

「非心」之「物」可以分辨，「心」卻無法定義；「非我」之「吾」可以分辨，「我」卻無法定義。故此，本篇主要內容分為兩類：其一，分辨「物」之所在，給出戒律，助人敬而遠之；其二，提供體悟「我」的法則，使人上下求索。立言之後的寓言部分，亦是戒律與法則並立。

南郭子綦隱几而坐，仰天而噓，荅焉似喪其耦。顏成子游立侍乎前，曰：「何居乎？形固可使如槁木，而心固可使如死灰乎？今之隱几者，非昔之隱几者也。」子綦曰：「偃，不亦善乎，而問之也！今者吾喪我，汝知之乎？女聞人籟而未聞地籟，女聞地籟而未聞天籟夫！」

吾喪我

‧認識之一：「吾」與「我」的不同

「吾」和「我」這兩個字經常通用，根本的含義其實不同：吾，是名稱，是指代；我，是實體，是自我。

換言之，「吾」是肉體的自稱，「我」是生命的自我。

名稱與實體是否相當，是否相符？這便是「名實之論」，正是戰國諸子熱衷討論的話題。此處，南郭子綦「吾喪我」，名稱仍在，實體卻丟失了，肉體雖在，靈魂卻丟失了。「吾喪我」，其含義略同於今天的「我喪失自我」，是個熱議不衰的哲學命題。

南郭子綦之「喪我」不可謂不徹底：他「仰天而噓，荅焉似喪其耦」。耦者，匹配也，吾與我，指代與實體，形體與元神，原本是匹配的，而現在吾仍在，我已失，只剩下一副空軀殼，自然就「荅焉」無神了。

而耐人尋味的是：按照南郭子綦的暗示，他「喪我」的根源，竟是由於他參悟了天籟！從後文我們知曉，所謂天籟，便是天道的一種呈現，將它領悟通透了、參破了，卻會導致「喪我」，難怪南郭子綦對著「天」而長噓呢！

天籟和喪我為什麼是這樣的關係？它們和本篇的主題「齊物」又分別有什麼聯繫？〈齊物論〉全篇所討論的便是這三者之間稍顯複雜的關聯，本章也在這樣一個充滿懸念的討論中緩緩地展開。

子游注意到了子綦的喪我，並加以問詢，子綦的評價是：「不亦善乎，而問之也！」這種暗示化的論述風格，也正是莊子所常用的。那意思其實是對讀者說：能注意到喪我並加以討論，這是很好的，不知有多少人依然懵懵懂懂，未曾注意過呢！

子游曰：「敢問其方。」

子綦曰：「夫大塊噫氣，其名為風。是唯無作，作則萬竅怒呺。而獨不聞之翏翏乎？山林之畏隹，大木百圍之竅穴，似鼻，似口，似耳，似枅，似圈，似臼，似洼者，似污者；激者，謞者，叱者，吸者，叫者，譹者，宎者，咬者，前者唱于而隨者唱喁。泠風則小和，飄風則大和，厲風濟，則眾竅為虛。而獨不見之調調、之刁刁乎？」

子游曰：「地籟則眾竅是已，人籟則比竹是已。敢問天籟。」

子綦曰：「夫吹萬不同，而使其自己也，咸其自取，怒者其誰邪？」

人籟、地籟、天籟

• 認識之二：天籟是天道的呈現

孔竅之音，便是籟。孔竅是自然之靈，人因七竅而生，有呼吸之氣，口鼻發音，便是人籟；山林大木因孔竅而生動，有風，為大地之呼吸，洞穴坑池如大地之口鼻發音，便是地籟。這個類比甚為明晰，故而子游聽了南郭子綦大段的描述之後，只用一句話就輕巧地概括了：「地籟則眾竅是已，人籟則比竹是已。」

不過，南郭子綦在此處卻用了較為複雜的排比來細述此事，其中內藏深意：

其一，孔竅，喻指天性，是情感的形態。枅有枅的發聲，圈有圈的發聲，互不混淆；有時像號哭，有時像哀怨，各不相同。換言之，一個人的天性確定了，情感也就隨之確定了，譬如，有易怒之天性、孔竅，便會有怒之情感、發聲，以此類推。

其二，風，喻指心力，是情感的本原。風不發則已（「是唯無作」），一發則「萬竅怒呺」；風一旦停歇，則眾竅為虛，再沒有任何的聲音。

人籟、地籟，是生靈表達生命的全部，由心力（風）來發動，由天性（孔竅）來呈現。然而，風是從哪裡來呢？如果說不同的孔竅造就了不同的形態，若是沒有風，又哪裡有形態的呈現呢？眾生又哪裡有什麼不同呢？又哪裡有什麼自我呢？既然風造就了各種生靈各種形態的呈現，它如此偉大，這不就是天籟嗎？

在傳統文化裡，經常有天、地、人並立的說法（比如天時、地利、人和三要素），而在此處，天籟卻與地籟、人籟有所不同：萬物之聲，稱為人籟、地籟，而使萬物發聲的本原，稱為天籟。所謂天籟，是天道不可抗拒的呈現。

可以這樣理解：音樂是人類的作品，風聲是自然的作品，而人類與自然卻都是上天的作品；音樂和風聲是人籟和地籟，人類與自然的呈現，便是天籟。人類與自然為何而有？如何而有？凡此種種，就是天道。

簡言之：孔竅是「吾」，風來自「天」，有此二者，便有了「天籟」。那麼，「我」在哪兒呢？

人從哪裡來呢？又往何處去呢？為何會誕生呢？為何會消失呢？生死存亡，無法自控，是誰在安排這一切呢？為什麼要服從這樣的安排？是「我」在服從，還是「吾」在服從？如果是「我」在服從，那麼「我」和「吾」不就一樣了嗎？又哪裡有「我」呢？如果是「吾」服從而「我」不服從，那麼「我」到底在哪裡呢？為什麼找不到呢？這不就是「喪我」嗎？

大知閑閑，小知閒閒；大言炎炎，小言詹詹。其寐也魂交，其覺也形開，與接為構，日以心鬥。縵者，窖者，密者。小恐惴惴，大恐縵縵。其發若機栝，其司是非之謂也；其留如詛盟，其守勝之謂也；其殺如秋冬，以言其日消也；其溺之所為之，不可使復之也；其厭也如緘，以言其老洫也，近死之心，莫使復陽也。

喜怒哀樂，慮嘆變慹，姚佚啟態。樂出虛，蒸成菌。日夜相代乎前，而莫知其所萌。已乎，已乎，旦暮得此，其所由以生乎！

樂出虛，蒸成菌

• 認識之三：天籟使人喪我

「吹」的方法不同，「吾」便發出不同的聲音，便是所謂「天籟」，具體表現為「知」、「言」和「恐」。無論大知、小知、大言、小言、大恐、小恐，其中哪裡有「我」的存在呢？這便是「喪我」。

世人都有大知、小知，又會因此而發表大言、小言，不斷地與這個世界進行爭鋒，日夜不休，便逐漸化為心中的驚恐，小恐又會漸漸地化為大恐。智慧是人類永恆的追求，卻為什麼會給自己帶來驚恐呢？無非是兩個緣故：是非之心和爭勝之心。

在此二心之中，人的精神不斷消磨，如同遭受秋冬的摧殘，一去不復返；此身也漸漸衰老，走向死亡，無法重生。這些變化多端的喜怒哀樂、形態萬千的嘆息憂慮，難道會帶來什麼進益嗎？其實不過是種種消磨罷了！概而言之，便是：樂出虛，蒸成菌。

何為虛？前文中寫：「厲風濟，則眾竅為虛。」喪失了「我」的「吾」，就是虛。世間種種爭鳴辯論、搶占上風，眾人皆以為是生命之樂，其實哪裡是生命呢？只有所謂的勝負，沒有「我」的存在，仍然還是「吾」的虛竅罷了。

何為菌？〈逍遙遊〉中寫：「朝菌不知晦朔，蟪蛄不知春秋。」菌很容易生長，一夜之間便可生成，然而它很快又枯死，無法知曉世事種種變遷。世間種種講談不也正是如此嗎？誇誇其談，故作高深，自以為是雲蒸霞蔚的氣象，其實不過是天地間微不足道而又毫無正見的朝菌罷了。

如果一個人日日夜夜全被這些虛、菌所占據，不知其來由，懵懵懂懂地任其消耗，試問，「我」在哪裡呢？這哪裡是真正的生命呢？

在「知」、「言」、「恐」的諸般消磨之下，世人便沉溺於「吾喪我」之中了，只有「吾」，沒有「我」，愈是如此，愈不能自知。故此，莊子在此頗為罕見地發出了警醒世人的呼喊：「已乎，已乎，旦暮得此，其所由以生乎！」

非彼無我，非我無所取。
是亦近矣，而不知其所為使。
若有真宰，而特不得其眹。
可行己信，而不見其形，有情而無形。
百骸，九竅，六藏，賅而存焉，
吾誰與為親？汝皆說之乎？其有私焉？
如是皆有為臣妾乎？其臣妾不足以相治乎？
其遞相為君臣乎？
其有真君存焉？
如求得其情與不得，
無益損乎其真。

非彼無我，非我無所取

‧認識之四：天道之中有我

如果「知」、「言」、「恐」只是天籟，不是「我」，那麼，「我」在何處呢？「我」難道不存在嗎？當然不是！理由有二：

其一，沒有「知」、「言」、「恐」，就沒有「我」，而若是沒有「我」，「知」、「言」、「恐」又如何呈現呢？既然「非彼無我，非我無所取」，那麼，「我」就在此存在。

其二，雖然「知」、「言」、「恐」並不是「我」，但是它們構成了我，正如「百骸，九竅，六藏」一樣，哪個與「我」相親呢？驅使它們的真君是誰呢？即使無法理解，也不能否定它的真實，那麼，「我」就在此存在。

「百骸，九竅，六藏」這些有形的器官，是對「知」、「言」、「恐」等無形的情緒的推演和參考比較，其道理是一樣的——驅使它們的真君，就是「我」。

總之，「我」是存在的，雖然它沒有形體可以看見（「而不見其形」），但可以行使意志（「可行己信」），也可以感知（「有情而無形」）。

一受其成形，
不亡以待盡。
與物相刃相靡，
其行盡如馳，
而莫之能止，
不亦悲乎！
終身役役而不見其成功，
茶然疲役而不知其所歸，
可不哀邪！
人謂之不死，奚益！
其形化，

其心與之然，
可不謂大哀乎？

一受其成形，不亡以待盡

‧認識之五：生命短暫，要尋找自我

人有自我，因自我而存在，然而，卻又在天籟中喪我，那麼，尋找自我不就應當是最重要的事情嗎？

自我是存在的，卻又無形可尋，只能在模糊中慢慢感知，然而，生命卻又如此短暫！「一受其成形，不亡以待盡。」這十個字是莊子思想的重要發源之一。正因為時刻有如此「大哀」的想法，莊子才會覺得時間緊迫（「行盡如馳」），進而無比重視內心，進而視一切外物為無關緊要的存在，進而極其反對將生命浪費在與外物的糾纏上。生命「行盡如馳」，有些人卻「與物相刃相靡」，這不是極大的悲哀嗎？

本篇名為〈齊物論〉，至此，莊子才揭示其本意——與內心「相刃相靡」者，都是外物。換言之，內心以外，都是外物。有形者如「百骸，九竅，六藏」，無形者如「知」、「言」、「恐」，哪個更重要呢？哪個更親近呢？其實一切本無差別，全憑內心為準。內心若行馳殆盡，一切又有何意義？自我若在物中迷失，一切又有何意義？

人之生也，固若是芒乎？其我獨芒，而人亦有不芒者乎？夫隨其成心而師之，誰獨且無師乎？奚必知代而心自取者有之，愚者與有焉。未成乎心而有是非，是今日適越而昔至也。是以無有為有。無有為有，雖有神禹且不能知，吾獨且奈何哉！

人亦有不芒者乎？

・認識之六：雖然迷茫，也要前行

人這一生，又要尋找自我，又天生喪我，又時不我待，又總有外物之干擾，怎麼會不感到茫然呢？哪裡會有不迷茫的人呢？然而，愈是如此，愈不能因此而犯下兩個錯誤：其一，以定見來判斷事物；其二，心中未有定見，只是為了爭辯而爭辯。

所謂定見，就是已經存在的認識，莊子稱之為「成心」。每個人的定見都有其局限之處，若是拿此來衡量一切，方便倒是方便，卻豈不是會錯誤百出？這是愚蠢之人的偷懶辦法。

還有些時候，人們對於事物尚還沒有定見，卻偏偏熱衷於進行辯論，僅僅是為了爭勝而已。這樣的辯論，又有什麼意義可言呢？譬如「今日適越而昔至」這個命題，就是熱衷於辯論的惠子所設立的，他的目的不過是以命題的矛盾性來引人爭辯，再強詞奪理地說退對方。名家的種種命題大多如此。莊子在〈天下〉篇中評論道：「能勝人之口，不能服人之心，辯者之囿也。」

內心雖然獨立於外物，外物卻也是內心尋找自我、參悟天道的重要對象，對其持有的態度，將直接影響內心的成長。成見和爭執，正是最常見的兩種錯誤，故此，不得不辨。人生之路，應當積極地開創、探索，並形成認識和定見，然而，無論大知、小知，都有局限，心中的定見也應當不斷地形成、打破、升級。愚人會陷於成見，阻礙求知的腳步，名家會捨棄定見，追逐無意義的爭執。

接下來，莊子便要打破這樣的執念。

夫言非吹也，言者有言，
其所言者特未定也。
果有言邪？其未嘗有言邪？
其以為異於鷇音，亦有辯乎，
其無辯乎？
道惡乎隱而有真偽？
言惡乎隱而有是非？

道惡乎往而不存？
言惡乎存而不可？
道隱於小成，言隱於榮華。
故有儒墨之是非，
以是其所非而非其所是。
欲是其所非而非其所是，
則莫若以明。

道隱於小成，言隱於榮華

•「以明」戒律之一：不可陷於爭執

討論至此，重重迷霧已經層層撥開：尋找自我才是人生中最重要的事情。只是，具體應當如何去做呢？莊子給出的答案是「以明」，即以明辨之心待之。首要第一條，便是不可陷於爭執。

世人喜好發表言論，然而，所有的言論都有真正的內涵嗎？有些言論其實毫無內容，僅僅只是發出聲音而已，和鷇音沒什麼不同。既然如此，又何必要發表它們呢？

雖然「知」、「言」、「恐」都會使人喪失自我，然而，其中「言」是最為關鍵的機樞。莊子在前文中特意警告：陷於辯言使人真神消磨（「以言其日消」），使人老朽不堪（「以言其老洫」）。「言」之於「喪我」，最為重要！

地籟以「吹」而出聲，天籟以「言」使人出聲，二者之不同在於：「吹」會發出特定的聲音，「言」則未必。換言之，「言」所發聲會有差別，有些言論是空洞的，有些言論是毫無實質的。既然如此，為何要發出這樣的言論並深陷其中呢？

再者，天道不會因爭執而有增減，自我亦不會因辯論而有真假；正好相反地，小小的自滿會矇蔽真正的天道，華麗的辯論會隱瞞正確的定見。所以，怎能任憑這樣的言論來銷蝕人的自我呢？

在此，莊子第一次對儒學和墨學進行了評價，認為它們的不足之處便是過度地陷於爭執與是非之中。

物無非彼，物無非是。

自彼則不見，自知則知之。

故曰，彼出於是，是亦因彼。

彼是方生之說也。

雖然，方生方死，方死方生；

方可方不可，方不可方可；

因是因非，因非因是。

是以聖人不由而照之於天，亦因是也。

是亦彼也，彼亦是也。

彼亦一是非，此亦一是非。

果且有彼是乎哉？

果且無彼是乎哉？

彼是莫得其偶，謂之道樞。樞始得其環中，以應無窮。是亦一無窮，非亦一無窮也。故曰，莫若以明。

物無非彼，物無非是

•「以明」戒律之二：不可陷於外物之是非

外物無非都是與內心相對應的，所以是「彼」，外物無非都有其本性，便稱為「是」。既然是「彼」之外物，它的是非與「此」之內心又有何干呢？何必要陷入其中呢？

然而，兩者亦不是完全不相干，詳究外物之「是」，亦是參悟本心的重要途徑。

物之「彼」與我無關，物之「是」與我有關，物之「彼」與我相遠，物之「是」與我相近，這就是所謂「彼是方生」了。於是，參究外物，用以通徹本心，並不沉溺其中，只是以天道相觀照，保持這種若即若離的關係，即是內心與外物的最佳相處之道，便是所謂「聖人不由而照之於天」。

所謂若即若離，聽起來似乎容易，可是如何才能夠做到呢？內心和外物哪裡有那麼明確的界限呢？「彼」與「此」哪裡那麼容易劃分呢？「百骸，九竅，六藏」，有形之物一般都是外物，而「知」、「言」、「恐」這些無形之物又如何區分呢？其實，物之「彼」，物之「是」，心之「此」，心之「是」，總在不停地互相映照、轉化，一切都按照天道的樞紐來調節，變化無窮。

所以說，不可陷落於外物的是非之中，那只是喪我的表現；以明辨之心待之，才是至理。

以指喻指之非指，不若以非指喻指之非指也；以馬喻馬之非馬，不若以非馬喻馬之非馬也。天地一指也，萬物一馬也。

天地一指，萬物一馬

•「以明」戒律之三：不可陷於思辨之名

任何之物都有其「名」與「實」，然而細究起來，卻都是「名不副實」的。這就是名家發起的名實之辯，也即是指非指、馬非馬，「指」、「馬」即其名，「非指」、「非馬」即其實。

這種邏輯思辨，原本具有很強的現實意義：

我們將眼前之物稱為「馬」，然而，它的個體屬性，即「非馬」的部分，是不是就被忽略了呢？正如我們稱莊子為「哲人」，那麼，他「非哲人」的部分，不就被忽略了嗎？「哲人」這個「名」能夠代表莊子之「實」嗎？顯然不能。那麼，「莊子」這個「名」能夠代表莊子之「實」嗎？其實也不能。任何事物盡皆如此，這就是所謂「名不副實」，也就是說，「指」不副「非指」，「馬」不副「非馬」。

凡此種種，思辨至深處，必會使人有所參悟。然而，以公孫龍、惠施等為代表的名家卻只是熱衷於思辨本身，並不考慮思辨的結果，以至憑空造出一堆「白馬非馬」、「白狗黑」之類毫無意義的詭辯命題。換言之，名家陷於思辨之「名」，卻無意於思辨之「實」。能夠明曉「馬之非馬」的道理，當然是好事，可以使人不陷於馬之「名」，而能明辨馬之「實」，然而，名家卻又陷於「馬之非馬」之「名」之中，豈非大謬？我們所不斷要追求的，不應當是「馬之非馬」之「實」嗎？故而，莊子說：「以馬喻馬之非馬，不若以非馬喻馬之非馬也。」換言之，對於「馬之非馬」，應當「辨」之，而不是「辯」之。

對於名家的邏輯思辨，莊子很推崇其手段和方法，自己也常常應用，所以在《莊子》中多有看到；而名家往往陷於邏輯思辨的表面，不再深入，這是很令人惋惜的，莊子對於此則常有批判。

可乎可，不可乎不可。道行之而成，物謂之而然。惡乎然？然於然。惡乎不然？不然於不然。物固有所然，物固有所可。無物不然，無物不可。故為是舉莛與楹，厲與西施，恢恑憰怪，道通為一。其分也，成也；其成也，毀也。凡物無成

與毀，復通為一。唯達者知通為一，為是不用而寓諸庸。庸也者，用也；用也者，通也；通也者，得也；適得而幾矣。因是已。已而不知其然，謂之道。勞神明為一，而不知其同也，謂之「朝三」。何謂「朝三」？狙公賦芧，曰：「朝三而暮四。」眾狙皆怒。曰：「然則朝四而暮三。」眾狙皆悅。名實未虧，而喜怒為用，亦因是也。是以聖人和之以是非，而休乎天鈞，是之謂兩行。

「用」和「庸」的區別

‧「以明」法則之一：庸而不用

天道要不斷地踐行，才可以慢慢有所成就，外物要不斷地參究，才可以漸漸加以瞭解，所謂「道行之而成，物謂之而然」的道理，誰都明白。然而，踐行有對有錯，參究有真有假，外物總在變化，定見不斷打破，如何能夠更好地踐行和參究呢？莊子提出：「知通為一，為是不用而寓諸庸。」並且特別說明，這是「達者」改採用的方法。

自己施行某事，是「用」，而使別人施行某事，是「庸」。「用」則耗費真神，「庸」則毫無磨損，既然如此，可「庸」之時，何必要「用」呢？

世間之外物，紛紛擾擾，撲朔迷離，身在此中，保持真神，就是「不用」；參研外物，觀摩他人之「用」，總結得失，便是「寓諸庸」。這是「知通為一」的「達者」的智慧和手段，也是莊子「無為」思想的來源之一。

朝三暮四，和之以是非

・「以明」法則之二：兩行其道

時至今日，朝三暮四的含義已經接近於欺騙、反覆無常了。做此理解之人，顯然是把自己主動放到第三者的視角之上，心中傾向於眾狙，便有點物傷其類的感慨，而實際上，莊子的本意真是如此嗎？並不是，應當以狙公的視角來看這個問題才對。

狙公賦芧，無論朝三暮四還是朝四暮三，對他自己而言，可有什麼分別嗎？沒有。所以說他「名實未虧」，名亦未虧，實亦未虧。

眾狙以朝三暮四而怒，以朝四暮三而喜，可有什麼原因嗎？必然有。這其中的原因，無論是對是錯，是智慧是愚蠢，與狙公可有關係嗎？沒有，既沒有進益，也沒有虧損，只是施行了狙公不同之「用」而已。所以說他「喜怒為用」。

眾狙喜也好，怒也罷，總與狙公之參悟無關，故此，狙公何必要在此耗費真神呢？不如選擇最優之解，不生是非，自己仍舊去參研天道。

狙公是眾狙的外物，眾狙亦是狙公的外物，既然各為外物，各有參悟，何必要混為一談呢？何不各行其道呢？這便是「兩行」的道理。

古之人，其知有所至矣。惡乎至？有以為未始有物者，至矣，盡矣，不可以加矣。其次以為有物矣，而未始有封也。其次以為有封焉，而未始有是非也。是非之彰也，道之所以虧也。道之所以虧，愛之所以成。果且有成與虧乎哉？果且無成與虧乎哉？有成與虧，故昭氏之鼓琴也；無成與虧，故昭氏之不鼓琴也。昭文之鼓琴也，師曠之枝策也，惠子之據梧也，三子之知幾乎，皆其盛者也，故載之末年。唯其好之也，以異於彼，其好之也，欲以明之。彼非所明而明之，故以堅白之昧終。而其子又以文之綸終，終身無成。若是而可謂成乎？雖我亦成也。若是而不可謂成乎？物與我無成也。是故滑疑之耀，聖人之所圖也，為是不用而寓諸庸，此之謂以明。

道之所以虧，愛之所以成

•「以明」戒律之四：不可陷於成就

人們往往會因為某些成就而沾沾自喜，甚至止步不前。譬如：昭文的鼓琴，師曠的擊樂，惠施的倚梧辯論。這些技藝都給他們帶來了相當的成就，甚至載入史冊，然而，這些成就可有助於他們在「自我」和天道上的探索嗎？正好相反，惠施看似明道，其實完全矇昧不清，一生都陷入「堅白」之論這樣的名家詭辯之中，不可自拔；昭文之子又繼承了昭文鼓琴的事業，最終一事無成，若是昭文真的有所參悟，又怎麼會有這樣的事情發生呢？

所以說，「道之所以虧，愛之所以成」，當一個人對外物有所偏愛，更是陷入其成就的光環之中，內心之道必然因此而虧損。

名家惠施特別擅長辯論，他常常倚著梧樹，舉手投足之間就將別人的言辭擊退，這樣的風采使人折服，也使他自己為之得意。然而，他完全陷入這樣的成就之中，為了辯論而辯論，在內心的探索上止步不前，使名實之論這樣的利器徹底淪落為詭辯的工具，這不是很可悲的嗎？莊子作為他的好友，多次提及此事，每每嘆息不已！在這一段中，莊子列舉了三個事例，唯有惠子之技，用的是「據梧」而不是辯論，可見，惠施所迷戀的不過是「據梧」的風采罷了，哪裡是辯論的內容呢？更不要提辯論之後的天道了。

那麼，世間的成就是不可觸碰的嗎？並不是。萬物皆可參破天道，何必要刻意避開呢？聖人也會圖謀、追逐那些迷惑人心的榮耀（「滑疑之耀」），只要不將內心深陷其中，只要秉承「不用而寓諸庸」的原則，這就是「以明」。

今且有言於此，不知其與是類乎？其與是不類乎？類與不類，相與為類，則與彼無以異矣。雖然，請嘗言之。有始也者，有未始有始也者，有未始有夫未始有始也者。有有也者，有無也者，有未始有無也者，有未始有夫未始有無也者。俄而有無矣，而未知有無之果孰有孰無也。今我則已有謂矣，而未知吾所謂之其果有謂乎，其果無謂乎？天下莫大於秋豪之末，而太山為小；莫壽乎殤子，而彭祖為夭。天地與我並生，而萬物與我為一。既已為一矣，且得有言乎？既已謂之一矣，且得無言乎？一與言為二，二與一為三。自此以往，巧歷不能得，而況其凡乎！故自無適有以至於三，而況自有適有乎！無適焉，因是已。

天地與我並生，萬物與我為一

•「以明」戒律之五：不可陷於言論

關於「以明」，莊子給出了若干法則和戒律，在此又慎重地給出了最後一條戒律：不可陷於言論。

咦？之前種種的法則與戒律，不正是言論的體現嗎？正因為如此，才不可不謹慎，不可不辨。

人們所追求的是天道，是自我，是「是」，而言論是他者，是外物，是「彼」。無論言論是正確的，與天道同屬一類，還是錯誤的，與天道不同一類，它都是「彼」，是外物，不可以此而影響內心。

那麼，言論竟是不可聽信的嗎？並不是。當言論由「彼」成為「是」，它便成為內心的一部分了，也就無所謂聽信不聽信了，這就是所謂「彼是相生」。換言之，人們應當以明辨之心來對待世界，聽到的言論只是言論，內心所能感知的言論，卻已經是內心的一部分。所以說，不可陷入那些聽到的言論之中。當然，也包括莊子在此的種種立言。

為了便於闡述，我們不妨將內心所感知的言論稱為「真言」，反之則稱為「假言」。其區別在於：「真言」發自內心，已與內心為一；「假言」發自他者，無論正確還是錯誤，尚且不與自己的內心為一。

那麼，「真言」與內心是不分彼此的，是所謂「萬物為一」。若是真神要容納「假言」，則內心為一，「假言」為二，聽從於「假言」的內心為三，如此下去，無窮無盡，便墮入到毫無意義的思辨中了。

所以，一定要以明辨之心來自我參究，自立真言，絕不可陷沒於他人的言論之中。

夫道未始有封，
言未始有常，
為是而有畛也。
請言其畛：
有左，有右，
有倫，有義，

有分，有辯，
有競，有爭，
此之謂八德。
六合之外，
聖人存而不論；
六合之內，
聖人論而不議；
春秋經世先王之志，
聖人議而不辯。

道未始有封，言未始有常

•「以明」法則之三：六合之外，存而不論

天道是沒有界限的，定見也不會長存，然而，人們的智慧還是要隨著不斷的認識、議論而有所增長。如何才能適當地議論而不陷入其中呢？莊子給出的答案是：「六合之外，聖人存而不論；六合之內，聖人論而不議。」對於未知領域之事，只是保持關注，並不議論，既不篤信也不懷疑；對於已知領域之事，只是做出論斷，並不與人發生爭議。

這個準則可謂是十分客觀合理了！孔子亦有言：「知之為知之，不知為不知，是知也。」與它頗有相通之處。然而，究竟六合又如何判斷呢？怎樣知曉自己是「知之」還是「不知」呢？一件自己以為是「知之」的事情，如何判斷其真假呢？在此，莊子也給出了具體的方法——八德，即左右、倫義、分辯、競爭。

左右，指此物與「我」的關係；倫義，指此物與世界的關係，承接責任為倫，實施義務為義；分辯，指此物與群體的關係，歸類總屬為分，個體差別為辯；競爭，指此物與他者的關係，並逐為競，對抗為爭。事物之關係屬性盡在於此。

若是瞭解了某物的八德，則此物必在「我」六合之內，不妨論之；反之，則此物在「我」六合之外，必有不知之處，存而不論即可。

故分也者，有不分也；
辯也者，有不辯也。
曰：何也？聖人懷之，
眾人辯之以相示也。
故曰：辯也者，有不見也。
夫大道不稱，大辯不言，
大仁不仁，大廉不嗛，大勇不忮。
道昭而不道，言辯而不及，
仁常而不成，廉清而不信，
勇忮而不成。
五者圓而幾向方矣，

故知止其所不知，至矣。
孰知不言之辯，不道之道？
若有能知，此之謂天府。
注焉而不滿，酌焉而不竭，
而不知其所由來，此之謂葆光。

葆光

•「以明」法則之四：大道不稱，大辯不言

莊子對待言論是極其謹慎的，尤其是不必要的爭執與無知的立言，而這兩項錯誤又很難避免。在他看來，言論既會耗費心神，又會產生無知。既然如此，何不謹言慎行呢？

所以，莊子雖然以《莊子》立言，卻一再提醒人們，要跳出《莊子》之言，不要為它

所束縛。

大道不會隨著言論而有所增減，人卻容易隨著言論而迷失自我，故此，不必熱衷於議論大道，只須默默參悟便是；言論是不會使智慧增長的，只有參悟的真知才會。真知之累積，如同進入天道的府庫，其增長也無盡，其使用也無窮，猶如在黑暗中懷存光芒，這就是所謂「葆光」。

至此，〈齊物論〉的立言已經完成，下面舉出幾個事例加以說明，而本篇結尾的「葆光」，即是下一篇〈養生主〉的要旨。

故昔者堯問於舜曰：

「我欲伐宗、膾、胥敖，南面而不釋然。其故何也？」

舜曰：「夫三子者，猶存乎蓬艾之間。若不釋然，何哉？昔者十日並出，萬物皆照，而況德之進乎日者乎！」

陷於戰爭煩惱的堯

・齊物論寓言之一：莫陷於外物

宗、膾、胥敖三國，總是讓堯苦惱：討伐呢，還是不討伐呢？難以釋然的他便求救於舜。

舜的解答十分高明！

他根本就沒有詢問這件事情的來龍去脈，譬如糾結的原因、可能的後果等，而是直接跳到更高的層次上，向堯進言：

「過去曾經有十個太陽一起出現，萬物普照，人之德應該比它更盛。如此一比，何必考慮那三個蓬艾一般的小國呢？」

這段話有兩層含義：

其一，十日事大，蓬艾事小，要將心力放在更重要的事情上。

其二，人之德心應當照耀萬物，而不是討伐蓬艾小國。

人的內心如同太陽，「萬物皆照」能展示出它的強大；蓬艾小國都是外物，無論討伐與否，都只會使人內心糾結，這不正是莊子在前文中所論述的「與物相刃相靡」嗎？以至「縵者，窖者，密者。小恐惴惴，大恐縵縵」。又是何必呢？

堯想要討伐三國，必然有他的理由，反之也是同樣，故而兩難，無法決斷。這樣的困境，當然可以用智慧來一一辨明，只是，為如此之小事，便動用心力，從而阻礙了大道的探求，這豈非正是不智的表現嗎？這和昭文、師曠、惠施陷於技能而失於大道，在本質上不是一樣的嗎？而舜卻十分高明地跳出了這個命題，直接述說十日之大。大知的智慧一旦呈現，小知的問題也就不存在了。

當十日與蓬艾同時擺在面前，每個人都能夠懂得其大小、善惡的分別，然而，當自己身在局中之時，又有多少人沾事則迷呢？在後文〈人間世〉中記載：「昔者堯攻叢枝、胥敖。」可知，堯最後還是實施了攻伐。堯被譽為有道的明君，尚且陷於胥敖三國之事，很難釋然，那麼，我們每個人糾結於不必要的外物，不也正是如此嗎？

現在，讓我們回頭再看這樣一個問題。宗、膾、胥敖三國，被舜稱作「存乎蓬艾之間」，而它們真的是小國嗎？

其實，堯之時代，諸侯星羅棋布，哪裡有什麼大國小國之分呢？既然是國，便一定非小，此三國被舜視為蓬艾，並非因為其小，而是因為它是外物，與內心只會有「相刃相靡」，故而以「小」視之。

有多少人能將伐國之戰爭看得如蓬艾一般輕小呢？那必是明徹了內心與外物之人才能做到。這個故事篇幅很短，其中蘊藏的道理卻很深，莊子將它放在此處，作為本篇的第一個寓言，也是在加以警醒：一切外物均微不足道。

齧缺問乎王倪曰：「子知物之所同是乎？」曰：「吾惡乎知之！」「子知子之所不知邪？」曰：「吾惡乎知之！」「然則物無知邪？」曰：「吾惡乎知之！雖然，嘗試言之。庸詎知吾所謂知之非不知邪？庸詎知吾所謂不知之非知邪？且吾嘗試問乎女：民溼寢則腰疾偏死，鰍然乎哉？木處則惴慄恂懼，猨猴然乎哉？三者孰知正處？民食芻豢，麋鹿食薦，蝍蛆甘帶，鴟鴉耆鼠，四者孰知正味？猨猵狙以為雌，麋與鹿交，鰍與魚游。毛嬙、麗姬，人之所美也；魚見之深入，鳥見之高飛，麋鹿見之決驟，四者孰知天下之正色哉？自我觀之，仁義之端，是非之涂，樊然殽亂，吾惡能知其辯！」

齧缺曰：「子不知利害，則至人固不知利害乎？」

王倪曰：「至人神矣！大澤焚而不能熱，河漢沍而不能寒，疾雷破山、飄風振海而不能驚。若然者，乘雲氣，騎日月，而遊乎四海之外。死生無變於己，而況利害之端乎！」

懵懂無知的齧缺

•齊物論寓言之二：莫陷於他人，莫陷於定見

齧缺提問：您知道天下之物的共性嗎？王倪回答：我哪裡知道呢！

問：您知道為什麼您不知道嗎？答：我哪裡知道呢！

問：天下之物是不可知的嗎？答：我哪裡知道呢！

王倪是齧缺的老師，是許由的師祖，是堯的太師祖，是很有智慧的人，面對這些很基

本的問題，他竟然沒有給出一點見解，而且回答得十分乾脆而粗暴，這實在很不尋常！

其實，齧缺在第一個問題碰到閉門羹以後，便十分不解而且驚訝了，他繼續提問：「子知子之所不知邪？」遇到認知的阻礙，便去參悟「不知」的原因，儘量找到「知」的方法，這是很基礎的手段和素養；這種方法也常常由老師向學生發起，以進行啟迪。而此時，卻是反過來由學生以此向老師發問，就頗有些牢騷的意味在其中了。而更加使人驚詫的是，王倪的回答仍然是乾脆而粗暴的：不知！

齧缺繼續發問：難道一切之物都是不可知的嗎？這實在是一句顛覆性的發問。如果一切皆不可知，那麼您的智慧何在呢？我們的師生關係又有何意義呢？

王倪仍然回答：不知！不過緊接著，他說出了這一連串問題的關鍵要旨：

我若說我知道，你怎麼知道它不是不知道呢？我若說我不知道，你怎麼知道我不是知道呢？

這段頗為拗口的思辨，其實說的是：這些問題，我當然是有答案的，但是，我之所知，是否就是你所理解、所認同的「知」呢？要知道，每個人都有獨一無二的自我，每個人的認知都是不同的啊！

王倪繼續陳述：人在溼地上睡覺，便會患上嚴重的腰疾，泥鰍則不會；人在樹枝上就會驚恐不安，猿猴則不會。人、泥鰍、猿猴，三者的生活體驗，誰對誰錯呢？人吃家畜，麋鹿吃草，蜈蚣吃小蛇，貓頭鷹吃老鼠，哪一種才是真正的美味呢？猿和猵狙交配，麋和鹿交配，泥鰍和魚交配，哪一種選擇是對的呢？毛嬙和麗姬是人類的美女，可是魚、鳥、麋鹿卻因此而四處躲藏，誰的意見正確呢？

由此我們便知曉了：王倪對這些問題都有自己的定見，但是，它們並不是齧缺的所知。人與人的知覺各有不同，判若雲泥。所以，無論王倪是否說出自己的知解，對齧缺而言都沒有意義，齧缺的所知，要靠齧缺的自我來參悟。而王倪出乎意料地回答「不知道」，其實是對齧缺一次又一次的點化。

在後文中我們也能知曉，王倪其實看出了齧缺與自己在很多事情上持有不同的見解，於是，此時他其實是在委婉地暗示：若是以每個人的自我來進行參悟，那麼，仁義、是非都各有不同，我不希望你陷入我的見解裡啊！

有意思的是，齧缺並沒有明白王倪這段論述的真實含義，他以為王倪真的不能知曉天地間的利害所在。由此也可以看出，齧缺希望得到關於「利害」的答案，而何事有利、何事有害，這哪裡是王倪的關注點呢？既然雞同鴨講，王倪便不再說「吾惡乎知之」了，而是「答非所問」地告訴他：至人已經勘破死生了，何況利害呢？那根本是不被看重的啊！

真的有王倪口中所描述的至人嗎？其實，「大澤焚而不能熱」是說，澤林的燃燒很熱，但是至人不以為意，這不會使他無用地抱怨酷暑，從而阻礙他探尋天道；「乘雲氣，騎日月」，指至人的精神寄託在雲氣和日月上，而不是名利俗事，所謂世間的「利害」。這樣的人，因其心境澄澈，有大智慧，已入至境，便稱為「至人」，並非因為有什麼特別奇異的本領，也根本不必要有什麼特別奇異的本領。

王倪、齧缺，恐怕是莊子杜撰出來的人物。

齧缺，從名字上看，有齧咬之精神，鍥而不捨，卻偏偏因此並無所得，反而有「缺」。很符合此故事中的人物形象。

王倪這個名字也很有意味：王，世間主宰；倪，邊際。王之倪，豈非是無邊無際的嗎？這不正是王倪所描述的至人的境界嗎？下一篇寓言中便有「天倪」的說法，正好與此相襯。

換言之，王倪之思想已入至人之境，其實相符；稱謂亦有至人之名，其名相符。名實全都符合，王倪不正是如假包換的至人嗎？然而齧缺卻絲毫不知，想要求學問道，卻與高人交臂而失之，深為可嘆。

不過，說可嘆，又不必嘆。換個角度來看，「王倪」之道，「齧缺」不知，這不也是很正常的嗎？「齧缺」亦有自己之道，何必要陷入「王倪」之中呢？

作為本篇的第二個寓言，莊子繼續加以警醒：他人亦是外物，莫要陷入他人之知。

瞿鵲子問乎長梧子曰：「吾聞諸夫子：聖人不從事於務，不就利，不違害，不喜求，不緣道，無謂有謂，有謂無謂，而遊乎塵垢之外。夫子以為孟浪之言，而我以為妙道之行也。吾子以為奚若？」

長梧子曰：「是黃帝之所聽熒也，而丘也何足以知之！且女亦大早計，見卵而求時夜，見彈而求鴞炙。予嘗為女妄言之，女以妄聽之。奚旁日月，挾宇宙，為其吻合，置其滑涽，以隸相尊？眾人役役，聖人愚芚，參萬歲而一成純。萬物盡然，而以是相蘊。

予惡乎知說生之非惑邪？予惡乎知惡死之非弱喪而不知歸者邪？麗之姬，艾封人之子也。晉國之始得之也，涕泣沾襟；及其至於王所，與王同筐床，食芻豢，而後悔其泣也。予惡乎知夫死者不悔其始之蘄生乎？夢飲酒者，旦而哭泣；夢哭泣者，旦而田獵。方其夢也，不知其夢也；夢之中又占其夢焉，覺而後知其夢也。且有大覺而後知此其大夢也。而愚者自以為覺，竊竊然知之。君乎，牧乎，固哉！丘也與女皆夢也；予謂女夢，亦夢也。是其言也，其名為弔詭。萬世之後而一遇大聖知其解者，是旦暮遇之也。

既使我與若辯矣，若勝我，我不若勝，若果是也，我果非也邪？我勝若，若不吾勝，我果是也，若果非也邪？其或是也，其或非也邪？其俱是也，其俱非也邪？我與若不能相知也，則人固受其黮闇。吾誰使正之？使同乎若者正之，既與若同矣，惡能正之？使同乎我者正之，既同乎我矣，惡能正之？使異乎我與若者正之，既異乎我與若矣，惡能正之？使同乎我與若者正之，既同乎我與若矣，惡能正之？然則我與若與人俱不能相知也，而待彼也邪？」

勤奮好學的瞿鵲子

・齊物論寓言之三：莫陷於學，莫陷於言

齧缺與老師王倪各在自己的境界，各說各話，交流不暢。那麼，順暢的交流有沒有問題呢？

瞿鵲子十分好學，某一次，他聽聞了聖人的定義，認為是「妙道之行」，而孔子卻認為是「孟浪之言」，孰是孰非？難以決斷，便來求問長梧子。

一般而言，這種對立的答案總是非此即彼的，若有一個為對，另外一個就是錯。然而，長梧子卻判定：兩個人都錯了。

首先，孔子是錯的。

三皇五帝被世人譽為聖人，可是真正的聖人之道，他們全部清清楚楚了嗎？當然沒有，因為聖人之境遠非終點，尚有無窮探索。既然被譽為聖人之人尚且不能盡知，孔子又怎能給出如此武斷的結論呢？這是典型的故步自封。

其次，瞿鵲子也是錯的，其錯有四：

其一，不可妄議。

瞿鵲子尚且境界不足，卻對聽聞之事大加議論，其結果必然毫無意義。前文已經辨明：「六合之外，聖人存而不論；六合之內，聖人論而不議。」議論六合之外的種種，自己卻沒有判斷能力，亦無法獲得智慧，這不是很徒勞的嗎？

難怪長梧子批評他：才見到雞蛋就要求它像公雞一樣司晨，才見到彈弓就想得到烤好的鳥肉，太早了！

其二，對聖人的理解不足。

瞿鵲子聽聞「聖人不從事於務，不就利，不違害，不喜求，不緣道」，而這些僅僅是參悟天道的諸般法門而已，脫離了具體的情境，便無所謂對錯。前文已有立言：內心不可陷於外物，亦不能脫離外物，所謂「彼是相生」，才是「道樞」。

所以，長梧子要正告他：所謂聖人「不從事於務」，只是順應天道的一種表象，無論「役役」的眾人，還是「愚芚」的聖人，生命的目標都是「參萬歲而一成純」。

其三，對生死的理解不當。

瞿鵲子以為，只要聖人「不從事於務」，「無謂有謂，有謂無謂」，就可以「遊乎塵垢之外」，即打破生死輪迴了。這種想法太過於想當然了。

按照莊學的理論，生前不知死後之事，所以，生死屬於「六合之外」，是應當「存而不論」的。故此，長梧子說：「我怎麼會知道留戀人生不是一種迷惑呢？我怎麼會知道死去不是很好的還鄉呢？」然後他還以麗姬的故事來舉例，說明未來不可預測，不可評判。這便是存而不論。

看破生死，是參悟天道之中最重要的部分，怎麼能像瞿鵲子一樣得出如此輕率的結論呢？

其四，不該陷於爭辯。

對於聖人，瞿鵲子與孔子具有不同的看法，這本來是很正常的，而瞿鵲子卻非要來長梧子這裡問一個確定的答案，這就表明他陷入爭辯之中了。

在前面齧缺與王倪的寓言裡，莊子已經明確地提出了人各有知的道理：「庸詎知吾所謂知之非不知邪？庸詎知吾所謂不知之非知邪？」在此，莊子又更加深入進行了分析，一共提出了十種可能，然而，無論如何，爭辯的輸贏與天道的是非毫無干係。

請長梧子作為裁判，如果他的答案是正確的，瞿鵲子能夠認同嗎？若是能認同，又怎麼會有此爭辯呢？如果他的答案是錯誤的，瞿鵲子能夠辨別嗎？若是能辨別，又怎麼會有此爭辯呢？

天道如此宏大，宇宙如此滑涽，人心如此矇昧，一切猶如夢中，既然如此，何不全心全力向天道而行呢？為何要自甘陷於夢境，陷於弔詭的言論之中呢？

「何謂和之以天倪？」

曰：「是不是，然不然。是若果是也，則是之異乎不是也亦無辯；然若果然也，則然之異乎不然也亦無辯。化聲之相待，若其不相待，和之以天倪，因之以曼衍，所以窮年也。忘年忘義，振於無竟，故寓諸無竟。」

迅速領悟的瞿鵲子

・齊物論寓言之三（續）：和之以天倪

與齧缺有所不同，瞿鵲子迅速地領悟了長梧子的指點，認識到自己的不足之處，便不再停留於之前的問題，而是繼續追問道：那麼，應當如何解決呢？

長梧子給出的答案是：「是不是，然不然。」

以自己認為之「是」與「然」衡量對方所持之「不是」、「不然」的見解，其中必定有真正的「是」與「然」，問題已明，那麼，也就根本不必爭辯了。

譬如瞿鵲子與長梧子之討論，本來瞿鵲子心中有其「是」，遇到了長梧子的「不是」，衡量之後，便知長梧子所持見解才是真正之「是」，於是答案甚明，哪裡還需要什麼爭辯呢？

不過，倘若「是」與「不是」相遇，無法分辨哪個是真「是」，又當如何呢？也很簡單，只需兩個步驟：

第一步，雙方共同探研，便是「化聲」，亦即所謂「同聲相應」，若能「相待」，則問題已明。

第二步，若「不相待」，則以天道之心對待之，探研之，即所謂「和之以天倪」。如果這個問題沒有探究清楚，那麼就一直探究下去，如果已經探究清楚了，必然也還會有其他的問題。這些不斷「曼衍」的參悟，不就是人的一生嗎？

譬如瞿鵲子與孔子的討論，兩人心中各有其「是」，各以對方之「是」為「不是」，「化聲」亦不成，便只好各自繼續參悟，「和之以天倪」。

瞿鵲子與長梧子也應當是莊子杜撰出來的人物。瞿鵲子，代表尋找樹枝的棲息者；長梧子，恰好可以長供棲息之處。這一對師徒不愧是教學相長的典範，與齧缺、王倪相映成趣。

即便如此，這一段故事也引出了無數的討論。作為本篇的第三個寓言，莊子給出的警醒是：莫陷於學，莫陷於言，莫陷於爭辯。

罔兩問景曰：「曩子行，今子止；曩子坐，今子起。何其無特操與？」

景曰：「吾有待而然者邪？吾所待又有待而然者邪？吾待蛇蚹蜩翼邪？惡識所以

然？惡識所以不然？」

昔者莊周夢為胡蝶，栩栩然胡蝶也，自喻適志與，不知周也。俄然覺，則蘧蘧然周也。不知周之夢為胡蝶與？胡蝶之夢為周與？周與胡蝶，則必有分矣。此之謂物化。

人即是影，影即罔兩

・齊物論寓言之四：身則物化，心則以明

影子一會兒走，一會兒停，一會兒坐，一會兒起，罔兩認為它沒有獨立的能力。影子的反問卻發人深省：是我的主宰使我這樣的嗎？我的主宰又有他的主宰使他那樣嗎？我就像是蛇蛻、蟬蛻一樣等待死亡嗎？這一切又怎能知曉呢？

這個故事看似講的是影子，其實講的不就是人嗎？人在世間行走、坐臥，豈非也受到

各種規則的控制？人的生死符命，豈非也完全不可知曉？人和影子不就是一樣的嗎？不就是五十步和一百步的關係嗎？

罔兩這個名字也很有深意。罔兩的本意是「無所依憑的樣子」，他卻偏要質疑影子的無所依憑，其實，罔兩、影子、人，在本質上沒有什麼分別，同在天道之中，同為天籟，不知生死禍福，一切都像夢幻而已。

據說莊周曾經夢見自己化為蝴蝶，可誰知道不是蝴蝶夢見自己化為莊周了呢？誰知道哪裡是醒，哪裡是夢？莊周與蝴蝶必然有所分辨，可誰又清楚這一切呢？

人的自我必定存在，只是晦暗不明罷了，遙遠的天道必能接近，只是有如夢境罷了。人在世間，猶如影子，被冥冥之命運所主宰，不知其生，不知其死。既然如此，也不妨隨著天道的安排一會兒走，一會兒停，一會兒坐，一會兒起，像個影子，隨物而化，在其中不斷地探究，不斷地尋找自我。

本質上這並不是「無特操」，而是「物化」，隨物而化之，和「以明」的內涵是一致的。「物化」為表，「以明」為裡，「物化」為身，「以明」為心，這便是人生的真諦所在：隨外物而化，明之以內心。

第三篇

養生主

多自省，養心神，輕名利，求真知——這才像個人。

人生在世，皆欲逍遙；若求逍遙，必先知我；既已知我，便須葆光。以上三重理念，即是《莊子》的核心思想脈絡，亦分別是《莊子・內篇》前三篇的內容。

上一篇〈齊物論〉的立言結尾處，莊子提出了「注焉而不滿，酌焉而不竭」的葆光的概念，將之詳細闡述，便是本篇〈養生主〉的主旨。

「吾生也有涯，而知也無涯」，既然如此，便不可懵懵懂懂地「以有涯隨無涯」，若是這樣，豈不是太浪費生命了嗎？

所以要葆光，要養生，要知自我之所在，要養自我之所在。

養生的理論說來容易，做起來卻極難，難就難在：如何分辨哪個是我，哪個不是我？如何是養，如何不是養？

養生的要訣十分簡單，莊子只用一個庖丁解牛的故事便闡述清楚了，不過便是「遊刃有餘、善刀藏之」等寥寥數語而已，然而，如何遊刃？怎樣有餘？何時藏刀？何時解牛？種種問題，仍是要知曉「緣督以為經」的道理才行。不過，何為督脈，何為旁脈？理論容易闡明，實踐起來卻很不易，在本篇後半段，莊子又以幾個寓言加以說明。

本篇是《莊子・內篇》立言的最後一篇，在篇尾，莊子意味深長地表示：「指窮於為薪，火傳也，不知其盡也。」後面〈人間世〉等四篇雖然也有立言，卻更偏重於莊學與實踐的結合。換言之，前三篇為體，為認識論，後四篇為用，為方法論，明悟了前三篇的立言，便猶如手中擎起智慧之火，可照亮世間的重重暗霧。

吾生也有涯，
而知也無涯。
以有涯隨無涯，
殆已！
已而為知者，
殆而已矣！
為善無近名，
為惡無近刑，
緣督以為經，

可以保身，
可以全生，
可以養親，
可以盡年。

吾生也有涯，而知也無涯

・養生主旨之一：不妄隨，不妄知

生命是有限的，知識是無限的，而若是以有限的生命，去追隨無限的知識，那不是很勞而無功的嗎？「殆已」！若是再以這樣的追求而沾沾自喜，自以為很有智慧，那不是更危險的想法嗎？「殆而已矣」！

既然如此，難道莊子是暗示人們停止追求嗎？當然不是！莊子怎麼會有這樣因噎廢食的號召呢？這一段的本意，是提醒人們要講究方法，而不是一味地盲動，更不是停頓不前。否則，在〈逍遙遊〉中，何以大鵬一定要克服艱難飛往南冥呢？又何以稱宋榮子和列子「猶有未樹」呢？在後文中，何以庖丁要耗時數年以精通解牛之技呢？不必懷疑莊子的進取之心。

倘若吾生無涯，而知有涯，那麼，便可隨意為之，大不了從頭再來；而現實卻恰恰相反，生有涯，知無涯，你我生在世間，恰如一粒微塵面對茫茫宇宙，沒有智慧的取捨怎麼行呢？悶頭亂撞怎麼行呢？若是再因此而揚揚得意，那就更不可取了！

唯有不斷求知，方能接近逍遙之境，然而，又豈能陷於求知之中呢？畢竟，人生「一受其成形，不亡以待盡」，生命「行盡如馳」，不可「與物相刃相靡」，又怎能與無用之知「相刃相靡」呢？

知識浩瀚無垠，若是漫無目的，隨之而迷失自我，其實質便不是求知，而是消磨；若是把這種消磨反而當作真知，受其迷惑，那麼，這迷失就只會無窮無盡了。

為善無近名，為惡無近刑

・養生主旨之二：緣督以為經

怎樣才可以不迷失、不迷惑呢？很簡單：撥開迷霧，明確目標，有的放矢，毫不動搖。也即是所謂「緣督以為經」。

督，人體最重要的經脈，貫穿於後背，是經絡中的脊梁。若是有一天，某個其他部位，譬如手腳和脊梁非要斷一個不可，那當然要全力保住脊梁了；而人們終其一生，也必然要以脊梁為主心骨。那麼，生命的意義，不就是人生的督脈嗎？無論名聲、利益，還有哪個能比生命的意義更重要呢？這便是「緣督以為經」的道理，也即是養生之主旨。

除此以外，莊子還同時給出了一句意味深長的勸誡：做善事不要貪圖名聲，做惡事不要觸碰刑罰。

咦，莊子怎麼能教人「為惡」呢？有些人看到這句話，便不免有所躊躇，想要替莊子打圓場，將「為惡」解釋成一點點小的壞事，或者惡念之類，總之不肯把它當成惡行來理解。

其實大可不必！惡就是惡，為惡就是為惡，不須有所掩飾。「為惡無近刑」，若是對於莊學理解得足夠透徹了，便絲毫不覺得違和，反而覺得很有道理。

惡也好，善也罷，無非都是片面的定義而已，根本不是永恆的準則，怎能用它們表面的呈現來束縛彼此的內心呢？唐堯、虞舜發起戰爭，是善呢，是惡呢？成湯、周武舉旗反叛，是善呢，是惡呢？世間哪裡有針對善惡的統一標準呢？

這個問題在〈齊物論〉中已經討論過了：「自我觀之，仁義之端，是非之涂，樊然殽亂。」汝之蜜糖，吾之毒藥，此之惡可能是彼之善，善惡豈可一概論之？此國法令嚴禁之事，一定是惡事嗎？彼國法令未禁之事，一定是善事嗎？個人行走於世間，心中自然能夠分辨善惡，此善惡也必然會與他人發生衝突。故此，莊子鄭重告知：心中之善惡不須與人爭辯，所做之事若為他人口中之善事，則泰然處之，不要為名所累；所做之事若為他人口中之惡事，則謹慎從事，不要為刑所罰。這便是世間養生之道。

若通此道，「可以保身，可以全生，可以養親，可以盡年」。至此處，頗有些人認為「養親」之「親」字難解，便將其曲解為「精神」。

亦大可不必！《莊子》是哲學，並非玄學。「養親」便是養護親人的原義，不必引申或曲解。人生於世間，照顧親人亦是不可推脫的責任所在，親人亦是我形體的一部分，如何可以拋棄呢？

在下篇〈人間世〉中，莊子寫道：「古之至人，先存諸己而後存諸人。」這不正是莊子一貫的理念嗎？不正是養生中最樸實的思想嗎？不正是「緣督以為經」的一個延展嗎？

庖丁為文惠君解牛，手之所觸，肩之所倚，足之所履，膝之所踦，砉然嚮然，奏刀騞然，莫不中音，合於《桑林》之舞，乃中《經首》之會。

文惠君曰：「嘻，善哉！技蓋至此乎？」

庖丁釋刀對曰：「臣之所好者，道也，進乎技矣。始臣之解牛之時，所見無非牛者。三年之後，未嘗見全牛也。方今之時，臣以神遇而不以目視，官知止而神欲行，依乎天理，批大郤，導大窾，因其固然。技經肯綮之未嘗，而況大軱乎！良庖歲更刀，割也；族庖月更刀，折也。今臣之刀十九年矣，所解數千牛矣，而刀刃若新發於硎。彼節者有間，而刀刃者無厚，以無厚入有間，恢恢乎其於遊刃必有餘地矣。是以十九年而刀刃若新發於硎。雖然，每至於族，吾見其難為，怵然為戒，視為止，行為遲，動刀甚微，謋然已解，如土委地，提刀而立，為之四顧，為之躊躇滿志，善刀而藏之。」
文惠君曰：「善哉！吾聞庖丁之言，得養生焉。」

庖丁解牛，妙在養生

‧養生主旨之三：遊刃有餘，善刀藏之

庖丁解牛的故事，其核心要義，當然在於「善刀而藏之」，這便是最直觀的養生之術。不過，仍有一些關鍵的細節，不得不辨。

其一，萬事皆可入至境，至境為人所共賞。

庖丁是莊子的寓言，文惠君是莊子的代言。在這篇故事中，文惠君一共講了兩句話，都很重要，也是莊子的態度所在。

文惠君首先看到的是庖丁的技藝純熟，已臻至境，便給出了「善哉」的評價。注意，此處文惠君只知解牛外在之妙，「砉然嚮然，奏刀騞然，莫不中音」，尚且不知「刀刃若新發於硎」這些內在之妙。此處之評價，自然是因解牛而起，並非是因養刀而起。

庖丁只是一名廚師，卻也能從解牛這類俗事中不斷進益，達到至境，參悟天道。世間萬物一理，法門眾多，只要心懷求道之誠，哪裡不是參悟呢？

所以莊子借文惠君之口評價說：「善哉！」

其二，不斷探索，取捨有道，知曉天道，才能養生。

本章開篇立言：「吾生也有涯，而知也無涯。」其實質是取捨有道，用心力於一處，在紛擾的無涯之中「緣督以為經」，前文已有所辨。「庖丁解牛」所寄寓者，正是此道。

庖丁開言便講：「臣之所好者，道也，進乎技矣。」庖丁目標為道，然而「天籟」安排他身在庖廚，既然如此，何不藉此悟道？

庖丁所言，幾乎句句都是解牛之技，卻又句句都是天道。以庖廚之身分得道如此，不正因為他懂得取捨、心物合一嗎？這不正是以有涯追無涯的典範嗎？

知進退，能取捨，合於天道，不斷進益，才是養生的真諦，這就是開篇一段的義理。

否則，如若只是一味地保住性命形體，本我猶如死水一潭，又談什麼養生？莊子在〈刻意〉篇中批判說，「就藪澤，處閒曠，釣魚閒處」，這樣的人生只是「無為而已矣」！

談論至此，文惠君不必去學解牛，庖丁亦不必謀慮治國，養生之道已經各明於心。故而文惠君再次評論道：「善哉！」

其三，保持未知之心。

「吾生也有涯，而知也無涯。」天道永無止境，探尋亦永無止境。雖然庖丁技藝已入至境，未知之境仍然有待探尋。

未知之事誰能預測呢？唯有保持敬畏，虛心以待，「怵然為戒，視為止，行為遲，動刀甚微」。

譬若大鵬已由北冥飛至南冥，安知世上再沒有更深廣的東冥、西冥呢？保持未知之心，既是養生之道，又是養生之意義所在。

其四，遊刃有餘。

「十九年而刀刃若新發於硎」，是養生的最直觀體現，所倚賴的便是「依乎天理，批大郤，導大窾」，即「遊刃有餘」。

所謂養生，是遊刃而有餘，絕不是封刃而存，由此亦可知所謂清淨無為的口號只是悟道之法門而已，也絕不是人生應有的目標，其本質其實是清淨雜念、無為雜事。遊刃有餘，便可以從容解牛不止，十九年解牛數千；遊刃有餘，便可解族人難解之牛，四顧而躊躇滿志。這不正是〈逍遙遊〉的義理嗎？莊子之說，正是如此精妙互通！而遊刃有餘的訣竅，便是「以無厚入有間」。節者有間，刀刃無厚，便是養生之道；人世亦有間，至人亦可無厚，如此便可遊刃有餘於世間。這正是下一篇〈人間世〉的義理。

公文軒見右師而驚曰：「是何人也？惡乎介也？天與，其人與？」曰：「天也，非人也。天之生是使獨也，人之貌有與也。以是知其天也，非人也。」

澤雉十步一啄，百步一飲，不蘄畜乎樊中。神雖王，不善也。

右師參悟天道

‧養生主寓言之一：天為督脈，人為旁脈

右師是六卿之長，地位顯耀，一人之下萬人之上，然而，公文軒見到了右師，發現他形體不全，是一位獨腳之人，便感到十分驚異：這是天生的嗎？天生的形體不全又怎能被委以重任呢？這是人為的嗎？如此高官，又有誰能對他施以刑罰呢？

這位右師以尊貴之軀，卻受到了如此慘痛之刑，其中必定有一番緣由，不過，他的回答卻完全跳出了提問的層次：「這是上天的安排！」

受刑的原因可能有很多，也許是誤判誤傷，也許是確實有所過錯，然而，人之形體有全有缺，就如同人之面容有美有醜，事情既然已經發生，那必是上天的安排，何必糾結於人呢？既然容貌醜陋都能接受，肢體殘缺不同樣也可以接受嗎？反正已經無法改變，又何必耿耿於懷、消磨真我呢？故此，右師稱之為「天之生是」，而不是「人之生非」。

那麼，應當如何對待呢？〈齊物論〉中已有論述，方法無非兩途：或者，視之為六合之內，對此「天之生是」進行參悟，以此領略天道；或者，視之為六合之外，「存而不論」。

總之，即便此事因人而起，從中亦應看到天道，而非人道。畢竟，天道為督脈，人道為旁脈，「緣督以為經」才是正理。

人生在世，總不能萬事順遂，無論好事、壞事，遭遇符命，不必埋怨，亦不必焦躁，應當以德行對待之，保持對天道的追求。這也是後文〈德充符〉一篇所要討論的義理。

澤雉不願為王

・養生主寓言之二：我為督脈，王為旁脈

右師的見解雖然令人佩服，然而，其仕途的選擇以及隨之而來的命運卻不得不使人警

醒。故此，莊子意味深長地評論道：野雉生在大澤中，就算生計艱難，也是自由而保全的；若是到了籠子裡，雖然看起來很高亢，其實並不善。

莊子處於亂世，諸侯兼併，戰亂頻仍，若是裹挾於政治之中，便會面臨很大的風險，故此，莊子一直奉勸人們疏遠廟堂，在〈秋水〉篇中更是表示：他寧肯「曳尾於塗中」，也不願應徵楚國的高官。

其實，即便不是戰國那樣的亂世，宦海又何嘗不是充滿風波呢？人世之關節盤根交錯，充滿風險的仕途之路，更是難以躲避的筋肉大骨，若想要在其中遊刃有餘，光是憑藉著刀刃無厚還不行，也要主動避開政治的樊籠才是，切不可因此而葬送了「我」的自由。其他都是旁脈，唯有「我」是督脈，天地之間，還有什麼比保全「我」更重要的事嗎？

老聃死，秦失弔之，三號而出。
弟子曰：「非夫子之友邪？」
曰：「然。」
「然則弔焉若此，可乎？」

曰：「然。始也吾以為其人也，而今非也。向吾入而弔焉，有老者哭之，如哭其子；少者哭之，如哭其母。彼其所以會之，必有不蘄言而言，不蘄哭而哭者。是遁天倍情，忘其所受，古者謂之遁天之刑。適來，夫子時也；適去，夫子順也。安時而處順，哀樂不能入也，古者謂是帝之縣解。」

指窮於為薪，火傳也，不知其盡也。

秦失三號而出

・養生主寓言之三：生為督脈，死為旁脈

好友秦失去憑弔老子，只是號哭了三聲就退身離去。弟子不解，嫌他憑弔得太「輕」了，秦失回答了一句意味深長的話：「有老者哭之，如哭其子；少者哭之，如哭其母。」難道憑弔好友一定要號啕大哭嗎？難道號啕大哭一定是情真意切嗎？那些哀哭之中，

有哪些是真正為死者而哭，又有哪些其實是移情之哭、附會之哭呢？

人們看到死者，觸景生情，不免心中想起其他的遭遇，有人想到自己無助的孩子，有人想到自己苦命的母親，牽動心事，便一併而哭，這是人類的共情、倍情之心，處處可見。只是，這不正是迷失自我的表現嗎？究其實質，不就是「遁天倍情，忘其所受」嗎？

所謂「倍情」，就是倍增、放大心中之情。人之種種情感，消磨真我，正是「喪我」的源泉，前文〈齊物論〉已有分辨：「喜怒哀樂，慮嘆變，姚佚啟態。樂出虛，蒸成菌。」後文〈德充符〉亦有關於「人固無情」的立言，與此同義。有情且不可取，何況是倍情呢？

所謂「遁天」，就是遁離天道，不知生死。依時而生，順勢而去，這是無法改變的規律，不過就如同右師受了介刑一樣，這一切不都同屬天道嗎？何不直接面對呢？

逝者已逝，生者還要繼續前行，若是能夠體悟天道，「安時而處順」，那麼，哀樂就不會入侵併損毀生者的心神。生者為督脈，逝者為旁脈，生者繼續前行，不就是「緣督以為經」的最佳方式嗎？

心中有哀樂，便是有所懸繫、牽掛；若是哀樂不能入侵於心，得到解脫，便是所謂

「懸（縣）解」了。秦失憑弔老子，只是號哭三聲，為失去朋友而惋惜，卻不因死亡而無謂地悲傷，這就是懸解之境。

指窮於為薪

• 養生主寓言之四：火為督脈，薪為旁脈

莊子在本篇的最後，意味深長地評論說：「指窮於為薪，火傳也，不知其盡也。」許多學者把此處的「指」解釋為「脂」的通假。這是不對的，「指」就是指，在此處有三重含義：

首先，前文〈齊物論〉中已經有所闡述：「指」就是「名」，「非指」就是「實」。人們總在借助「名」來探索「實」，這不就是以薪生火嗎？而「名」之手段有局限，所以是「窮於為薪」，「實」之內涵無極限，所以是「火傳不知其盡」。

其次，老子創立了道家，其智慧的呈現，不就是天道之「指」嗎？此時，老子已經逝去，所以是「窮於為薪」，而天道之火仍要繼續傳遞下去，所以是「火傳也，不知其盡」。最後，莊子對老子的評價，何嘗不是對他自己的評價呢？莊子所倡導的是對天道的追求，他不止一次地表示：他的學說只是天道之「指」，只是認識的工具罷了。

火傳不知其盡

•《莊子．內篇》結尾之一：立言為薪，天道為火

至此，「指窮於為薪」，這是莊子的一個暗示：第一次立言結束了，火已生起，世代相傳。

〈逍遙遊〉提出：人之逍遙，須要不斷努力，追隨大知，拋開一切禁錮，達到「至人無己」的境界。

而如何才能夠「至人無己」呢？先要知曉何為「己」，何為「吾」，何為「我」，何為「外物」，何為「內心」，這便是〈齊物論〉中所探討的內容。內心不可直接定義，而辨明外物，便可返知內心，〈齊物論〉便將所有外物一概論之，其實是在反向論心，為參悟內心而提出種種戒律，並提出「葆光」之論。

所謂「葆光」，便是養生，何者為養，何者為不養，何者為督脈，何者為旁脈，便是〈養生主〉中的種種討論。

求道、知心、養生，即《莊子．內篇》前三篇的內容，這三重理念便是莊學的核心思想脈絡。故此，莊子第一次立言完畢。

雖然如此，以上立言更多偏重於理論，世間亦有種種實際狀況，又當如何具體解決？《莊子》又另有四篇論述，〈人間世〉、〈德充符〉、〈大宗師〉、〈應帝王〉，結合具體實踐，進一步探討實際的方法。

第四篇

人間世

眾生芸芸，福禍紛紛，我如薄刃，逍遙而行。

上一篇〈養生主〉有「以無厚入有間，恢恢乎其於遊刃必有餘地矣」之論述，本篇即承接這一層思想，以人為刃，以世間為牛，探討人如何以智慧穿行於世間。

人在世間之事，無非三種：欲做之事、必做之事、待做之事。〈人間世〉前半部分分別講述了三個故事，即分別對應以上三種情況，再分別給出三種處理方法：無心為之、盡心為之、隨而化之。

在三個故事中，莊子又分別安排了孔子和蘧伯玉來擔任「導師」的角色，意在暗示：天道之處世方法，與人道頗為相通。換言之，莊學之世俗部分，與儒學頗為相當。

至此，對世間之事的應對方法已經討論完畢，不過，世事紛紛擾擾，哪裡有那麼簡單呢？首要之事，還是明辨內心與外物，才能正確處理世事。故此，在〈人間世〉後半部分，莊子又講述了若干寓言，展示了同一事情的不同視角，同時也展示了不同的智慧。

最值得注意的是，最後一個寓言展示的是莊學和儒學的不同視角：儒學積極入世，故而提倡人道；莊學積極出世，故而提倡天道。

儒學積極入世，並無出世的思想；莊學積極出世，卻並不排斥入世之術，而是全面涵蓋。本篇〈人間世〉即是莊學中有關入世之術的部分，故此，幾乎全以儒學人物來代言，而在本篇結束，也一定要點出儒學的不足：視角不夠開闊，欲在亂世謀求人道，手段雖然正確，境界卻不夠高明。

前三篇，莊子立論天道，可視為「內篇之內篇」；此後三篇，偏論天道之實踐，可視為「內篇之外篇」；最後一篇，兼論人道，可視為「內篇之雜篇」。

顏回見仲尼，請行。

曰：「奚之？」

曰：「將之衛。」

曰：「奚為焉？」

曰：「回聞衛君，其年壯，其行獨。輕用其國，而不見其過。輕用民死，死者以國量乎澤若蕉，民其無如矣。回嘗聞之夫子曰：『治國去之，亂國就之。醫門多疾。』願以所聞思其則，庶幾其國有瘳乎！」

仲尼曰：「譆，若殆往而刑耳。夫道不欲雜，雜則多，多則擾，擾則憂，憂而不救。古之至人，先存諸己而後存諸人。所存於己者未定，何暇至於暴人之所行！」

「且若亦知夫德之所蕩而知之所為出乎哉？德蕩乎名，知出乎爭。名也者，相軋也；知也者，爭之器也。二者兇器，非所以盡行也。」

「且德厚信矼，未達人氣；名聞不爭，未達人心。而強以仁義繩墨之言術暴人之前者，是以人惡有其美也，命之曰菑人。菑人者，人必反菑之。若殆為人菑夫！」

「且苟為悦賢而惡不肖，惡用而求有以異？若唯無詔，王公必將乘人而鬥其捷。而目將熒之，而色將平之，口將營之，容將形之，心且成之。是以火救火，以水救水，名之曰益多。順始無窮，若殆以不信厚言，必死於暴人之前矣。」

「且昔者桀殺關龍逢，紂殺王子比干，是皆修其身以下傴拊人之民，以下拂其上者也，故其君因其修以擠之。是好名者也。昔者堯攻叢枝、胥敖，禹攻有扈。國為虛厲，身為刑戮。其用兵不止，其求實無已。是皆求名實者也，而獨不聞之乎？名實者，聖人之所不能勝也，而況若乎！雖然，若必有以也，嘗以語我來！」

孔子詰問顏回之行程

‧人間世戒律之一：道不欲雜，緣督以為經

顏回秉承著孔子所教誨的「亂國就之」的信念，想要去拯救衛國，然而，卻被孔子攔住了。明明是善舉，何以會遭到阻攔呢？孔子一口氣列出了五個原因：

其一，道不欲雜，雜則無用。

世間之事紛紛擾擾，各種法門層出不窮，若是無視輕重，隨興為之，豈不是不辨方向、迷失本心了嗎？所以說：各種道理都有其好處，卻絕不可雜亂無章。尊奉過於駁雜的準則，不僅解決不了問題，反而還會給人帶來困擾和憂愁，那不是南轅北轍嗎？

顏回想要拯救衛國，本心當然是好的，然而，衛國正處於紛亂之中，顏回孤身輕入，便極容易受到刑罰，連自身都保不住，又何談救人救國呢？之所以提倡「亂國就之」，其目的本來是醫救其國，若是醫救不了，「就之」又有什麼意義呢？

而如何才能「不雜」呢？很簡單，上篇〈養生主〉中已有答案：緣督以為經。辨清本末，道通為一，便不必迷惘，可以無往而不利。「古之至人，先存諸己而後存諸人。」孔子勸顏回先設法「存己」，再「亂國就之」，如此才會成功施救。這不正是「緣督以為經」嗎？

其二，德蕩乎名，難以駕馭。

若想拯救衛國，則必須推行仁德，施展智謀，不過，這只是主觀上的一廂情願罷了。那麼，如何真正有效地展開德與知呢？這便要借助名望和爭執這兩種手段了，即所謂「德蕩乎名，知出乎爭」。

名望與爭執，確實，二者皆非善物，若是身陷其中，則會迷失自我、消磨真我，不過，仁德本來是謙和的，只有透過名與爭才能夠遍達人心，即所謂「名聞不爭，未達人心」。名望與爭執可以助力仁德的推行，而它們同時又是誘人迷失的陷阱，它們是雙刃劍，是非常之手段，所以被稱為「兇器」。既然如此，何不敬而遠之呢？

其三，強施仁義，反受其災。

倘若顏回拒絕名與爭之「兇器」，可想而知，以其謙和的仁德必然難以到達人心，此時若向人強推仁義之言，必定會使人反感，本是美意，別人卻只覺厭惡，這種行為，豈不是如災害一般蔓延嗎？故此，可稱之為「菑（通「災」）人」。

所謂「菑人」，雖然不是直接「害人」，卻也是間接地將災害帶給別人，自然會受到別人的「反菑」。本就無法達成美之目的，又何必受此惡之反災呢？

其四，積習難改，如火救火。

從顏回的描述來看，衛君「年壯行獨，輕用其國」，可見其本不是「悅賢而惡不肖」之人，既然如此，他又怎麼會輕易改變呢？又怎麼會偏偏一見到顏回之賢便一改前態而悅之呢？說服恐怕未必，激怒大有可能。而一旦衛君面色更變，顏回又只好順意引導，甚至曲意迎合，如此一來，不就成了以火救火之勢了嗎？哪裡能真正解決問題呢？

其五，易陷其名，難求其實。

從已有的事例來看，無論是關龍逢、比干這樣的諫臣，還是堯、禹這樣的明君，都逃脫不了陷於虛名、求實無已的敗局之中。顏回孤身入險地，本身即是名大於實之事。「名實者，聖人之所不能勝也」，顏回又如何能勝之呢？

以上種種分析，不可謂不全面，不過，亦不能不承認，顏回想要拯救衛國之事，其本心是善念，其勇氣可鼓勵，其志向應肯定，參究天道法門眾多，此事亦不是完全不可為之，孔子在此所要設法阻攔的，並非是顏回的善舉，而是他的一些心態和認識。故此，在給出了種種分析之後，孔子要繼續和顏回探討：如此難成之事，何以要做？底氣何來？

顏回曰：「端而虛，勉而一，則可乎？」

曰：「惡！惡可！夫以陽為充孔揚，采色不定，常人之所不違，因案人之所感，以求容與其心。名之曰日漸之德不成，而況大德乎！將執而不化，外合而內不訾，其庸詎可乎！」

「然則我內直而外曲，成而上比。內直者，與天為徒。與天為徒者，知天子之與己皆天之所子，而獨以己言蘄乎而人善之，蘄乎而人不善之邪？若然者，人謂之童子，是之謂與天為徒。外曲者，與人之為徒也。擎跽曲拳，人臣之禮也。人皆為之，吾敢不為邪？為人之所為者，人亦無疵焉，是之謂與人為徒。成而上比者，與古為徒。其言雖教，謫之實也，古之有也，非吾有也。若然者，雖直而不病，是之謂與古為徒。若是則可乎？」

仲尼曰：「惡！惡可！大多政法而不諜。雖固亦無罪。雖然，止是耳矣，夫胡可以及化！猶師心者也。」

內直外虛與內直外曲

‧人間世戒律之二：困於成心，皆不可取

顏回認可孔子的質疑，也大約能感到此事的困難，故此，他虛心地提出了兩個方案：內直外虛和內直外曲。

其一，內直外虛。

很多人信奉「鍥而不捨，金石可鏤」的攻堅精神，顏回提出「勉而一」，其實質正是如此。只不過，衛君為人年壯氣盛，恐怕難以正面交鋒，故而顏回又加上「端而虛」的行事準則，試圖避其鋒芒，長期感化。

細究起來，若要傳德佈道，「端」、「勉」、「一」才是手段，「虛」並不是手段，只是自我保護的一種反應而已。「虛」以待人，僅能得到「外合」的結果，其內心仍然是「執而不化」的，長此以往，「日漸之德」尚且無法成事，更何況是拯救衛國所需要的「大德」呢？故而孔子說：「惡！惡可！」

其二，內直外曲，成而上比。

既然「外虛」不可取，那麼，「外曲」呢？顏回解釋說：內心堅持正直的信念，便不懼怕行事上使用一些「曲」的方法。換言之，與天必定為直，與人不妨為曲，信念始終唯一，行事靈活變換，不失為一種處世的智慧。

不僅如此，顏回還提出了「三徒」的法則：與天為徒、與人為徒、與古為徒。前兩者便是內直外曲的體現，而「與古為徒」，即完全效仿古人的事例，不落把柄於他人之手，則是進諫的具體方法。如此一來，天道、人情、進諫，這三個方面的做法都有所依憑，想必便不會有自身的危險，而且也可以達到教化的目的。

誠然，與「虛」不同的是，「曲」不再是逃避的自我反應，而是一種教化的手段。曲意迎合，相機行事，因勢利導，比起一味的迴避，確實能夠有所結果，而且，奉行「與古為徒」的法則，也是很有智慧的做法。不過，這些做法真的有效嗎？

細細想來，顏回的「三徒」法則可以使自己立於不敗之地，然而卻未必會對衛君有多大的教化，其出發點其實是自我保護，卻並非解決問題。雖然孔子在一開始曾對顏回講過「先存諸己而後存諸人」的道理，至此，顏回也漸漸地領悟並且有所改變，然而，此處提出的「三徒」法則卻僅僅只是「先存諸己」而已，並沒有「後存諸人」的內容，既然如此，顏回奔赴衛國又有什麼意義呢？這樣不還是背離了教化的初衷嗎？故此，孔子依然表示：「惡！惡可！」

無論「內直外虛」還是「內直外曲」，兩種方案在實質上是相同的，只不過在處世的方法上有所調整，其實，選擇「外虛」還是「外曲」又能夠有多大的影響呢？其根本的癥結全在於「內」。孔子最後一針見血地指出：以上種種，並不是在解決問題，不過是在保持自己的成心而已！

顏回曰：「吾無以進矣，敢問其方。」

仲尼曰：「齋，吾將語若！有心而為之，其易邪？易之者，皞天不宜。」

顏回曰：「回之家貧，唯不飲酒不茹葷者數月矣。如此，則可以為齋乎？」

曰：「是祭祀之齋，非心齋也。」

回曰：「敢問心齋。」

仲尼曰：「若一志，無聽之以耳而聽之以心，無聽之以心而聽之以氣。聽止於耳，心止於符。氣也者，虛而待物者也。唯道集虛。虛者，心齋也。」

顏回曰：「回之未始得使，實自回也；得使之也，未始有回也，可謂虛乎？」

夫子曰：「盡矣！吾語若：若能入遊其樊而無感其名，入則鳴，不入則止。無門無毒，一宅而寓於不得已，則幾矣。絕跡易，無行地難。為人使易以偽，為天使難以偽。聞以有翼飛者矣，未聞以無翼飛者也；聞以有知知者矣，未聞以無知知者也。瞻彼闋者，虛室生白，吉祥止止。夫且不止，是之謂坐馳。夫徇耳目內通而外於心知，鬼神將來舍，而況人乎！是萬物之化也，禹、舜之所紐也，伏戲、几蘧之所行終，而況散焉者乎！」

心齋勝於一切

・人間世法則之一：欲做之事，無心為之

至此，顏回已經無計可施，「無以進矣」，便求問孔子解決之道並得到了答案：心齋。何為「心齋」？「不飲酒不茹葷者數月」，使身體趨於潔淨，便是通常意義上的「齋」，也可以稱為「身齋」；類似地，保持心志，虛而待物，「聽止於耳，心止於符」，不使諸般熒惑之聲近於心，便是「心齋」。

為何要「心齋」？思量顏回所提出的兩種方法，無論「內直外虛」還是「內直外曲」，皆因為其「內直」在先，便難以待物，以至無路可通。而固守「內直」之念，堵塞其心，這不就是問題的關鍵所在嗎？齋之，虛之，問題便會迎刃而解。

不妨回到最初：顏回入衛，想要改變衛君「輕用其國民」的狀況，這是顏回的執念，便是所謂「內直」，然而，基於聽說而來的種種訊息，當真是衛國的現狀嗎？由此而樹立的目標，一定合適嗎？一旦顏回進入衛國，一切會毫無變化嗎？顏回此時的種種念頭，不會隨著事情的發展而改變嗎？世事都是不可確知的，又是充滿變化的，既然如此，又何必

抱定如此「內直」之心呢？

換言之，入衛的念頭，可以作為發心，卻不可以成為執念。故而顏回恍然大悟地說：「回之未始得使，實自回也；得使之也，未始有回也。」事情尚未開始之前，可以以教化為己任，這是顏回本人的認識，亦是他的本心；而事情開始以後，便不必有任何執念，只須心存天道，隨遇而為，將心抱守在一處，篤定前行，遊刃其中。

如此這般，終於解決了問題，孔子便回答道：「盡矣！」

經過這一番對話以後，顏回將去衛國的決心並未有所改變，孔子所改變的只是顏回的認識和心態。在一開始，孔子對顏回進行了種種詰問，所針對的並非顏回將去衛國的事情本身，由於顏回自身的認識不足，以至節節敗退，無法回答。其實，正如孔子所言，只要「徇耳目內通而外於心知」，可化萬物，有什麼事情是不能解決的呢？

在這件事情上，孔子展現出了高階的智慧，類似於〈逍遙遊〉中莊子向惠子所展現的那樣，提升一個層次，視野便更加開闊：

首先，在現實的層面，孔子以「先存諸己」的理念使顏回認識到自己的局限，顏回有所領悟，便提出了內直外曲以及「三徒」法則，然而卻不免厚此薄彼，而在故事的最後，孔子提出「虛而待物」的心齋，可以兼顧內外，面面俱到，不正是「先存諸己」的高階展現嗎？

其次，在領悟的層面，「先存諸己」之「存」究竟應當作何理解呢？最初針對顏回的想法，此「存」便是肉身之存，最後，此「存」昇華為自我之存。我心應當存於天道，不應當存於執念之中。如此一來，顏回將赴衛國之事便剖析得更加通透了！

葉公子高將使於齊，問於仲尼曰：「王使諸梁也甚重，齊之待使者，蓋將甚敬而不急。匹夫猶未可動，而況諸侯乎！吾甚慄之。子常語諸梁也曰：『凡事若小若大，寡不道以懽成。事若不成，則必有人道之患；事若成，則必有陰陽之患。若成若不成而後無患者，唯有德者能之。』吾食也執粗而不臧，爨無欲清之人。今吾朝受命而夕飲冰，我其內熱與！吾未至乎事之情，而既有陰陽之患矣；事若不成，必有人道之患。是兩也，為人臣者不足以任之，子其有以語我來！」

仲尼曰：「天下有大戒二：其一，命也；其一，義也。子之愛親，命也，不可解於心；臣之事君，義也，無適而非君也，無所逃於天地之間，是之謂大戒。是以夫事其親者，不擇地而安之，孝之至也；夫事其君者，不擇事而安之，忠之盛也；自事其心者，哀樂不易施乎前，知其不可奈何而安之若命，德之至也。為人臣子者，固有所不得已。行事之情而忘其身，何暇至於悅生而惡死！夫子其行可矣！丘請復以所聞：凡交近則必相靡以信，遠則必忠之以言，言必或傳之。夫傳兩喜兩怒之言，天下之難者也。夫兩喜必多溢美之言，兩怒必多溢惡之言。凡溢之類妄，妄則其信之也莫，莫則傳言者殃。故法言曰：『傳其常情，無傳其溢言，則幾乎全。』且以巧鬥力者，始乎陽，常卒乎陰，大至則多奇巧；以禮飲酒者，始乎治，常卒乎亂，大至則多奇樂。凡事亦然，始乎諒，常卒乎鄙；其作始也簡，其將畢也必巨。夫言者，風波也；行者，實喪也。風波易以動，實喪易以危。故忿設無由，巧言偏辭。獸死不擇音，氣息茀然，於是並生心厲。剋核大至，則必有不肖之心應之，而不知其然也。苟為不知其然也，孰知其所終。故法言曰：『無遷令，無勸成。過度益也。』遷令、勸成殆事，美成在久，惡成不及改，可不慎與！且夫乘物以遊心，託不得已以養中，至矣。何作為報也？莫若為致命，此其難者。」

孔子勉勵葉公子高之行程

・人間世法則之二：必做之事，盡心為之

葉公子高將要出使齊國，與顏回將要去往衛國之事相比，相似點有三：其一，任務難以完成；其二，對方難以感化；其三，自身恐有災禍。

同樣是不可能完成的任務，又當如何去面對呢？在此，孔子給出了完全不一樣的建議，因為這兩件事情又有三點不同之處：

首先，葉公子高對此事心中極為忐忑，「朝受命而夕飲冰」，其恐懼遠遠大於信心，在初一受命之時便憂懼不已，以至心中水火交加，有「陰陽之患」，同時又擔心會受到君主的懲罰，有「人道之患」，簡直草木皆兵，這種態度與顏回的毅然請行是截然相反的。

其次，這是葉公子高的分內之事，是其職責所在，他必須受命而為，避無可避。

最後，顏回期盼有所改變，葉公子高不必有所改變，兩人所擔負的責任並不相同。

於是，孔子便改變了談話方式，不再進行質疑和詰問，亦不再逐步引導，而是正面地鼓勵和提醒：

其一，稟受道義，自事其心。

人在天地之中，受到天道的安排，即是所謂符命，即是「吾」，即是「一受其成形」，而人的自我不正是存在於其中嗎？子之父母，臣之君王，都是命中注定之事，哪裡能夠隨意更換呢？父母之命，君王之事，亦是冥冥中之安排，怎麼可以挑選揀擇呢？迎面而上，稟受其道義，是個人的本分所在，其實不也正是尋找、體悟自我的必有途徑嗎？究其本質，其實並不是事親、事君，而是「自事其心」。

一旦勘破了這一層道理，自身之「吾」便不再重要，便「行事之情而忘其身」，便再也不會關注那些「悅生而惡死」之事了。葉公子高的陰陽之患、人道之患，自然也都迎刃而解了。

其二，不傳妄言，藉此修心。

與顏回的使命感有所不同，葉公子高只是作為本國的使者而存在，如實地傳遞本國的訊息，再如實地將得到的信息傳回本國，即是他的本職所在，亦是他的「自我」所在。風波往往出於妄言，危險往往產生於妄行，若是葉公子高嚴守自我，不妄言，不妄行，又如何會招致災禍呢？

不妄言，不妄行，看似只是簡單的原則，其實並不容易辦到：一個人出使在別國，如何才算是妄呢？君王之令，往往無法面面俱到，如何才算是不偏不倚、切實地傳遞其真正的意願？對方之狀況，往往十分複雜，究竟哪些應當傳遞又如何界定呢？法言講：「傳其常情，無傳其溢言。」然而，哪些是常情，哪些是溢言呢？

其實，以上種種問題，確乎難辨，不過，它們不正是葉公子高的職責所在、命義所在嗎？葉公子高不正應當在此中體悟自我嗎？故此，孔子鄭重地告知：「乘物以遊心，託不得已以養中」，這才是葉公子高最應當去注重的事情。

以上，孔子給出了兩條建議，其實仍然是「心齋」二字：前一條建議是主觀認識上的「心齋」之法；後一條建議是客觀手段上的「心齋」之法。

顏闔將傅衛靈公大子，而問於蘧伯玉曰：「有人於此，其德天殺。與之為無方，則危吾國；與之為有方，則危吾身。其知適足以知人之過，而不知其所以過。若

然者，吾奈之何？」

蘧伯玉曰：「善哉問乎！戒之，慎之，正女身也哉！形莫若就，心莫若和。雖然，之二者有患。就不欲入，和不欲出。形就而入，且為顛為滅，為崩為蹶；心和而出，且為聲為名，為妖為孽。彼且為嬰兒，亦與之為嬰兒；彼且為無町畦，亦與之為無町畦；彼且為無崖，亦與之為無崖。達之，入於無疵。

「汝不知夫螳蜋乎？怒其臂以當車轍，不知其不勝任也，是其才之美者也。戒之，慎之，積伐而美者以犯之，幾矣。」

「汝不知夫養虎者乎？不敢以生物與之，為其殺之之怒也；不敢以全物與之，為其決之之怒也。時其饑飽，達其怒心。虎之與人異類，而媚養己者，順也；故其殺者，逆也。」

「夫愛馬者，以筐盛矢，以蜄盛溺。適有蚊虻僕緣，而拊之不時，則缺銜毀首碎胸。意有所至而愛有所亡，可不慎邪！」

蘧伯玉教導顏闔之行程

・人間世法則之三：待做之事，隨而化之

顏闔將要去做衛靈公太子的師傅，亦有所迷惘，便問道於蘧伯玉。衛靈公太子天性刻薄，故此，顏闔此行甚有危險，這與前文顏回、葉公子高所面臨的狀況是類似的，不過，衛靈公太子尚未執政，又有較大的成長空間，顏闔之處世方法便又有所不同。蘧伯玉提出了自己的建議：內和外就——內心不妨與之調和，處世不妨曲意順從，漸漸引導著，以達到「無疵」的境界。

顏回所面對的是「欲做之事」，葉公子高所面對的是「必做之事」，此二者，都如箭在弦上，不得不發；顏闔所面對的卻是「待做之事」，如此便從容許多，所以可以內和外就，隨而化之。

顏回先有了成心，隨之又生出虛名、雜道等陷阱，他所欠缺的反而是無心，便應當在摒除各種雜念中悟求真我；葉公子高失去了自心，只想到逃避，他所欠缺的是自己的成心，便應當在專心一志中悟求真我；顏闔之心，尚在成與未成之間，似乎心有所成，卻又

深感迷惑，無所依從，故此，應當在逐漸成心的過程中悟求真我。其實，顏闔將要對衛靈公太子的種種教化，內和外就的種種手段與變化，何嘗不是他自己悟求真我的道路呢？

螳臂不當車，養虎不觸怒，愛馬不驕溺

・人間世戒律之三：不縱於己，不縱於人

「達之，入於無疵。」是教化的至境，而究竟如何才能實現呢？蘧伯玉給出了三個法則：

其一，不以己為能（螳臂不當車）。

螳螂之臂很有力量，牠看到車轍便想要去阻擋，也很有決斷和勇氣，然而，螳臂怎麼能夠當車呢？不必說，其結果一定是失敗的。

仔細想來，螳螂的力量並沒有錯，勇氣也沒有錯，問題在於：雙方的實力太過於懸

殊，便只能落得如此下場。不過，作為旁觀者，我們很容易看出問題的所在，而螳螂作為局中者，並不能夠認識大車的全貌，又如何知道對方的力量呢？身在局中，又怎能知曉全局呢？這是否過於苛求了呢？

其實，在前面〈齊物論〉中已有論述：「六合之外，聖人存而不論。」世間之事，紛紛擾擾，恐怕沒人能夠完全知曉一切，此時，若是盲目地展示自己的力量，豈不是視他人為無物了嗎？焉知不會有更強大的力量來與之對抗、將之擊潰呢？螳螂之臂，可以捕蟲，此乃天性，順理成章，若是茫茫然跑到車轍之下，即便沒有車輪碾壓，恐怕也會面臨其他的不測，這不正是由於牠非要在六合之外展示力量所造成的必然後果嗎？

既然要解決問題，力量的施用自然必不可免，只是，切不可以己為能，盲目無端地展示出來。在前文〈養生主〉中，解牛的庖丁已入至境，尚能夠「怵然而戒」，時時提醒自己的不足。「知也無涯」，豈可不慎！

其二，不觸人之怒（養虎不觸怒）。

由於種種原因，人們需要控制某種強大的力量，譬如：養虎。面對如此強大的對象，必須要保持其歸順，絕不可觸怒其心。

養虎之時，絕不能以活物餵養，避免激起其咬殺之心；而即便是死物，亦不能以全物相投食，避免激起其野獸之性。

人類對虎如此，對其他力量的控制，其道理不也同樣嗎？導引其力量，絕不觸怒其本性，便是控制之道。

其三，不養人之驕（愛馬不驕溺）。

老虎之強大，人所共知，故而有所防備，豈不知，偏偏有些不起眼的力量，在疏於防範之時也往往會造成惡果，譬如：愛馬。

馬本是溫馴之物，不難馴服，易於相處，然而，若是有人驕溺待之，用精緻的編筐裝馬糞，用漂亮的貝殼接馬尿，使牠驕傲無匹，這時，一旦有蚊蟲來叮咬，驅趕得不及時，此馬便會將驕傲的怒氣發洩一氣，掙脫轡頭的束縛，踢碎他人的胸口。這不正是溺愛所帶來的災禍嗎？這些惡果不是本來可以避免的嗎？

以上三條法則所講的都是力量控制，第一條針對的是如何對待自己，後兩條針對的是如何對待他人，其實可以用八個字來概括：不縱於己，不縱於人。

「顏闔將傅衛靈公大子」，進入危險之地，施行難為之事，自然要約束自己，不要招惹是非，同時要保持衛靈公大子的本性平和，既不激怒於他，亦不驕溺於他。而實際上，這些不正也是每個人都應當遵守的處世法則嗎？螳臂不當車、養虎不觸怒、愛馬不驕溺，也正是莊子假借蘧伯玉之口送給世人的三條忠告。

三樣事情，三種手段

・人間世立言小結：事有緩急，方法各異，全在於心

顏回之欲做之事、葉公子高之必做之事、顏闔之待做之事，分別對應三種解決方法：無心為之、盡心為之、隨而化之。世間種種問題，歸根結柢，其實不就是這三種類型嗎？人們所應該施展的種種手段，歸根結柢，不也正是這三種方法嗎？

在此三種方法的指點下，每一種問題都能夠迎刃而解，不過，細細想來，顏回仍然

「將之衛」，葉公子高仍然「將使於齊」，顏闔仍然「將傅衛靈公大子」，現象是幾乎不變的，然而，其實質卻潛移默化地改變了。這便是本篇〈人間世〉的核心主題：事有緩急，方法各異，全在於心。

顏回將去衛國，看似準備充分，結果卻被孔子層層詰問，無可對答；以這樣膚淺的認識，一旦到了衛國，豈不是困難重重、危險重重嗎？孔子的一席話，撥雲見日，不正是顏回之行的最大幫助嗎？葉公子高之事、顏闔之事不也是同樣的道理嗎？

這正是莊子一直所注重的思想的力量！處處可見。譬如，在〈逍遙遊〉中有大瓠之種，惠子不能用而莊子善用，在〈齊物論〉中有戰爭之辯，堯不能釋然而舜可以參透等。

在上一篇〈養生主〉中，莊子提出了「以無厚入有間」的訣竅：人世有間，至人可無厚，如此遊刃有餘，便是養生之道。若要遊刃有餘，世間難以改變（譬如以上三個故事），唯有將自己變得「無厚」（譬如以上三種方法），其法門，便是思想，便是心。

顏回等三個故事正代表著世間問題的三種類型，而孔子和蘧伯玉的引導方法也各有不同：對顏回則是詰問和導引，對葉公子高則是鼓勵和提醒，對顏闔則是分析與教導。其實，世間之事哪裡有什麼固定的方法呢？不變是相對的，變化是絕對的。不斷地尋求天道、提升大知，以「我」之心明辨萬事萬物，便是遊刃於世間的最核心之所在。

匠石之齊，至乎曲轅，見櫟社樹。其大蔽數千牛，絜之百圍，其高臨山十仞而後有枝，其可以為舟者旁十數。觀者如市，匠伯不顧，遂行不輟。

弟子厭觀之，走及匠石，曰：「自吾執斧斤以隨夫子，未嘗見材如此其美也。先生不肯視，行不輟，何邪？」曰：「已矣，勿言之矣！散木也，以為舟則沉，以為棺槨則速腐，以為器則速毀，以為門戶則液樠，以為柱則蠹，是不材之木也。無所可用，故能若是之壽。」

匠石歸，櫟社見夢曰：「女將惡乎比予哉？若將比予於文木邪？夫柤梨橘柚果蓏之屬，實熟則剝，剝則辱；大枝折，小枝泄。此以其能苦其生者也，故不終其天年而中道夭，自掊擊於世俗者也。物莫不若是。且予求無所可用久矣，幾死，乃今得之，為予大用。使予也而有用，且得有此大也邪？且也若與予也皆物也，奈何哉其相物也？而幾死之散人，又惡知散木！」

匠石覺而診其夢。弟子曰：「趣取無用，則為社何邪？」曰：「密！若無言！彼亦直寄焉，以為不知己者詬厲也。不為社者，且幾有翦乎。且也彼其所保與眾異，而以義譽之，不亦遠乎！」

匠石與弟子評價不材之樹

・人間世寓言之一：世間總有非議，我心自有堅持

「不材之木」的故事，曾在〈逍遙遊〉、〈人間世〉、〈山木〉等篇中多次出現，講述的側重點均有不同。本篇所力圖呈現的是不同角度的看法。

首先，在世俗的眼光中，大樹是榮耀的。它高大而又俊美，「大蔽數千牛，絜之百圍」，使人讚嘆，「觀者如市」。

其次，在行家的眼光中，大樹是「不材」的。為舟則沉，為柱則蠹，簡直一無所用。

再次，在智者的眼光中，大樹是智慧的。它一直追求「無所可用」的目標，歷盡辛

苦，幾乎死亡，最後終於達成了。

最後，在旁觀者的眼光中，大樹依然是有爭議的。弟子們會質問：「既然追求『無所可用』，又為什麼要成為社木呢？這不就是為社神所用嗎？」而此時已經醒悟的匠石會理解它，並為之辯護：「如果大樹不如此，又如何存身保命呢？」

以上種種，不正是每個人都會面對的狀況嗎？在世間，無論做什麼事情，總會遇到來自各個方面的評價，而這些評價還會互相矛盾，會爭論不休，會亂人心志，它們也會隨時間而改變，會突然爆發，也會湮滅無聲。

其實，在本質上，它們並不重要。

世俗評價為「榮耀」，行家評價為「不材」，智者評價為「智慧」，以上這些評論，無論褒義還是貶義，對大樹有什麼真正的影響呢？經過託夢點化的匠石最終參悟了，也由此理解了大樹，然而，他的弟子們仍然還是不能理解，不過，無論理解還是不理解，最終影響的是匠石和他的弟子們，這與大樹又有什麼關係呢？

匠石最後的一席話語中，有兩層含義最值得注意：

其一，每個人的生存之道都是不同的，「彼其所保與眾異」。那麼，無論社樹還是不材，都應當智慧地去尋找自己的路。

其二，無論如何去做，總會遭受非議，總會有「不知己者詬厲」。這些意見，也根本不必在意。

在〈逍遙遊〉中，莊子便告誡人們：「舉世而譽之而不加勸，舉世而非之而不加沮，定乎內外之分，辨乎榮辱之境。」

在此世間，各種評價和意見不就是種種牛骨和關節嗎？何必要去以自己真我的鋒刃與之相撞、兩敗俱傷呢？何不以自己之「無厚」遊刃於種種評價與意見之間呢？在他們喋喋不休之際，何不參悟真我、積蓄前往南冥的力量、善刀而藏之呢？

南伯子綦遊乎商之丘，見大木焉有異，結駟千乘，隱將芘其所藾。子綦曰：「此何木也哉？此必有異材夫！」仰而視其細枝，則拳曲而不可以為棟梁；俯而視其大根，則軸解而不可以為棺槨；咶其葉，則口爛而為傷；嗅之，則使人狂酲，三日而不已。子綦曰：「此果不材之木也，以至於此其大也。嗟乎神人，以此不材！」

宋有荊氏者，宜楸柏桑。其拱把而上者，求狙猴之杙者斬之；三圍四圍，求高名之麗者斬之；七圍八圍，貴人富商之家求樿傍者斬之。故未終其天年，而中道之夭於斧斤，此材之患也。故解之以牛之白顙者，與豚之亢鼻者，與人有痔病者，不可以適河。此皆巫祝以知之矣，所以為不祥也。此乃神人之所以為大祥也。

支離疏者，頤隱於臍，肩高於頂，會撮指天，五管在上，兩髀為脅。挫針治繲，足以餬口；鼓筴播精，足以食十人。上徵武士，則支離攘臂而遊於其間；上有大役，則支離以有常疾不受功；上與病者粟，則受三鍾與十束薪。夫支離其形者，猶足以養其身，終其天年，又況支離其德者乎！

世人以為不祥，神人以為大祥

‧人間世寓言之二：世人注重形德，我自支離不材

想要「不材」，其實也很難！上文曾經簡略地提及，社樹想要求得「無所可用」，久久難成，一度至於瀕死。「不材」之才，豈是不憑藉智慧就可以獲得的呢？

商之丘的大木，細枝拳曲，大根軸解，其葉使人口爛，其味使人酲醉，簡直無一處可用，或者說，正是憑藉著精心的安排，它在每一個細節上都擋住了世人「貪婪」的打算，這才得以保全自己。

荊氏之木，稍微長粗一點，便會被砍伐為拴猴的木樁，三四圍粗，便可做房屋棟梁，七八圍粗，又可做富家的壽材，只要稍有用處，便無法躲避刀斧的摧殘。

不材之木，世人眼中的「不祥」，卻可以頤養天年，這不正是最好的結局之一嗎？這不正是天神眷顧的「大祥」嗎？

莊子敘述至此，猶嫌不足，又以一位虛構的人物來說明：支離疏，面頰長在肚臍之下，肩膀高過頭頂，這樣一位廢人，卻可以正當地躲開徵兵服役，又可以領取國家救濟，

在亂世之中，他能夠正常勞作，供養自身，終其天年，反而勝過無數正常人。這個故事聽上去不免有些魔幻，然而，身處亂世，其生存之道不正是如此嗎？

支離疏當然是一個隱喻，莊子是要藉此闡明：何不逍遙於世間，「支離其形」、「支離其德」呢？

所謂「德」，在莊子的定義裡，便是受困於世間的種種價值取向。人非要使自己變得「有用」嗎？非要使自己變得像堯舜那樣的聖人才行嗎？與其被社會和眾人所綁架，何不「支離其德」呢？拋開價值觀的束縛，使自己「無用」於世俗，不正是「大用」於天道嗎？這個觀點，在後文〈大宗師〉中有進一步的闡述。

總之，若要「不材」，其實非易。在人世中「不材」，本身已是異類，若再因此繁茂而長壽，豈不是會更加顯眼嗎？見到商之丘的大木，南伯子綦發出斷言：「必有異材夫！」這不正是世人常有的評價嗎？一旦獲得了這種關注，離災禍就不遠了！

「不材」並不是消極的放棄，相反，它正是一種積極的謀略。憑藉種種努力與機緣，躲避眾人貪婪的關注，成為不材之材，逍遙遊於世間，這不就是最大的智慧嗎？

孔子適楚，楚狂接輿遊其門，曰：「鳳兮鳳兮，何如德之衰也。來世不可待，往世不可追也。天下有道，聖人成焉；天下無道，聖人生焉。方今之時，僅免刑焉。福輕乎羽，莫之知載；禍重乎地，莫之知避。已乎已乎，臨人以德！殆乎殆乎，畫地而趨！迷陽迷陽，無傷吾行！吾行卻曲，無傷吾足！」山木自寇也，膏火自煎也。桂可食，故伐之；漆可用，故割之。人皆知有用之用，而莫知無用之用也。

我本楚狂人，鳳歌笑孔丘

・人間世寓言之三：身處亂世，無用即大用

對於儒學，莊子是很有些批評的，在前文〈齊物論〉中，他就曾批評過「儒墨之是非」。然而，在本篇中，孔子對顏回與葉公子高進行了深刻的批評建議，其言論精闢有

理，彷彿是莊子的代言人一般。難道莊子又開始贊成儒學了嗎？這是不是顯得有點蹊蹺呢？

其實，莊子對儒學確有一定的批評，卻並非完全對立，莊學與儒家、墨家、名家諸子，在許多具體問題上看法十分類似，只不過，看問題的角度不同，目的不同，人生追求不同，便在終極追求上有了分歧。具體而言，儒學提倡人道，卻止於天道，莊學兼顧人道，更看重天道，故此，在人道之論斷上，兩學頗有相近之處，而在天道之論斷上，兩學便方枘圓鑿了。

本篇所討論的是「人間世」，是天道在人間之運用，便更近於人道，因此，莊子在此借孔子之口而進行立言，正是在表示莊學對儒學的涵蓋，即天道對人道的涵蓋，而在本篇的結尾，又借楚狂接輿之口對孔子進行批評，亦是在表示：儒學雖然有理，卻終究是小知。

本篇開篇以三段儒學故事立言，雖然它們並不見於儒學典籍之中，然而，其事蹟、口吻大致與儒學相仿，譬如《論語．衛靈公》中亦有記載：「君子哉蘧伯玉！邦有道，則仕；邦無道，則可卷而懷之。」故此我們可以粗略地認為：在「人間世」這個命題上，在做事的種種態度與方法上，在人道的層面，莊學對儒學是大致贊成的。

不過，莊學的終極追求仍然是天道，在包容人道的同時，對其局限也必須要加以批判，故此，在本篇的結尾，莊子一定要借楚狂接輿之口對孔子進行提醒和啟發：人道的意義是什麼呢？那是最重要的事情嗎？什麼才是當下最重要之事呢？

人生來便有局限，故此，天道才應該是人生追求的終極目標，種種人道的法門，不過是體悟天道的途徑，應當為參究天道提供助力才對，遠遠不可以將它們作為我們追求的全部。更何況，眼下正是亂世，一味地踐行人道，身不由己地被裹挾在其中，豈不是飛蛾撲火、畫地為牢嗎？豈不是自取災禍嗎？

故此，楚狂接輿並沒有批評孔子的處世方法（甚至，是贊成的），他只是在提醒孔子：「方今之時，僅免刑焉。」做事如此掣肘的時代，還往往會招致災禍，何不避而遠之呢？何不守心為一，專心參研天道呢？

「方今之時，僅免刑焉。」這八個字，正是莊子思想產生的重要來源之一。身處亂世，所以才有不材之材，所以才要更多地考慮如何頤養天年，所以，在對莊學的基礎思想進行立言完畢之後，莊子也要結合時代，繼續討論具體的方法和運用，便有了這一篇〈人間世〉。

方今之時，僅免刑焉

・人間世全篇總結：人道存身，天道修心

天道是莊學的核心，在之前〈逍遙遊〉、〈齊物論〉、〈養生主〉三篇中，其理論框架已經論述完畢。不過，人是社會的產物，不能脫離於社會而存在，故此，必須要結合現實狀況而謀求生存，如此便有了「人道」，〈人間世〉、〈德充符〉、〈大宗師〉三篇即為此而寫，結合具體的時代背景給出了專門的方法論。

〈人間世〉討論如何做事，莊學於這一部分的理念與儒家相近，故此，本篇全以儒家之對談進行立言，以莊學之故事進行寓言，最後再以莊學之評點對儒家進行引導與提醒。

「方今之時，僅免刑焉」，這是儒家所沒有看到的，也是莊學認定的儒學的疏忽所

在，而下一篇〈德充符〉討論如何做人，更是針對這八個字進行了更深的延展——若是連「刑」都不「免」，又當如何？

人道存身，天道修心。人道是小知，天道是大知。

其實，即便彼時並不是「僅免刑焉」的亂世，莊子也依然會孜孜不倦地追求天道。所謂亂世，也全由個人的理解而定義，沒有戰爭和刑罰，未必不是亂世，正如整日在紅塵中蠅營狗苟，未必算得長壽。總之，人世總有摧折性命之亂，要認清世道，以不材之材抵禦俗世的侵蝕，遊刃有餘於世間，齋心以成天道，便是莊學的真諦。

第五篇

德充符

命運無常，我自成聖，身即外物，以德充之。

上一篇〈人間世〉中已經闡述：當下正是「方今之時，僅免刑焉」的亂世，故此，更應當積極參悟天道，而不是陷入人道之術中。本篇〈德充符〉即承接此意，探討亂世生存之術，莊子還特意安排了四名「僅免刑焉」的主角，以他們的四個故事作為開篇。

四名主角中，有三名為「兀者」，一名為「惡人」，由此暗示，他們的聖人之境界有真有假；而在四個故事的第二主角中，孔子擔任其三，子產擔任其一，由此暗示，孔子對聖人之理解很有偏頗。

上一篇〈人間世〉論述對待世事，本篇〈德充符〉論述對待世人。世事較易思辨，無非都是身外之事；而世人中既包含他人，也包含「吾」、「我」，既包含外物，也包含內心，不可不辨。

人對世事須要分清「欲」之所在，對世人則要懂得「情」之迷惑。故此，在本篇後半段，莊子又講述若干寓言，談論「人故無情」的道理。

儒學提倡人道，正是因為他們無法分清「道」、「德」之不同。上一篇〈人間世〉講對待世事，以「道」為主，儒學之術頗可一用；本篇〈德充符〉講對待世人，以「德」為主，儒學之術便不免混亂。故此，本篇中儒人之言論頗多乖謬之辭，不可不辨。

名學無道，既不提倡天道，也不提倡人道，僅有其術，莊子對此常常惋惜。在本篇結尾，便特意安排名家惠子的出場，肯定其手段，感嘆其無心。

魯有兀者王駘，從之遊者與仲尼相若。常季問於仲尼曰：「王駘，兀者也，從之遊者與夫子中分魯。立不教，坐不議，虛而往，實而歸。固有不言之教，無形而心成者邪？是何人也？」

仲尼曰：「夫子，聖人也，丘也直後而未往耳！丘將以為師，而況不若丘者乎！奚假魯國，丘將引天下而與從之。」

常季曰：「彼兀者也，而王先生，其與庸亦遠矣。若然者，其用心也獨若之何？」

仲尼曰：「死生亦大矣，而不得與之變；雖天地覆墜，亦將不與之遺。審乎無假而不與物遷，命物之化而守其宗也。」

常季曰：「何謂也？」

仲尼曰：「自其異者視之，肝膽楚越也；自其同者視之，萬物皆一也。夫若然者，且不知耳目之所宜，而遊心乎德之和。物視其所一而不見其所喪，視喪其足猶遺土也。」

常季曰：「彼為己，以其知得其心，以其心得其常心。物何為最之哉？」

仲尼曰：「人莫鑑於流水，而鑑於止水，唯止能止眾止。受命於地，唯松柏獨也正，在冬夏青青；受命於天，唯舜獨也正，在萬物之首。幸能正生，以正眾生。夫保始之徵，不懼之實。勇士一人，雄入於九軍。將求名而能自要者，而猶若是，而況官天地，府萬物，直寓六骸，象耳目，一知之所知，而心未嘗死者乎！彼且擇日而登假，人則從是也。彼且何肯以物為事乎！」

孔子能夠理解兀者王駘

・德充符故事之一：身有缺陷，能成聖人

人在世間，總有一些無法擺脫的阻礙，通常稱之為命運、符應。種種艱難險阻，人皆

有之，誰會在一生之中每時每刻都順風順水呢？所謂命運，不過是弱者的藉口罷了。不如安心待之，以天道駕馭之，充盈其中。德，即是天道，符，即是命運。這便是「德充符」的含義。

王駘是一位刖足之人，然而，追隨他的人卻和追隨孔子的人一樣多。不僅如此，王駘也並不宣講什麼深奧的道理，並不發表什麼高明的議論，卻總是能使人有所收穫。就連孔子也很佩服他，表示要追隨他，以他為師。

孔子已是當世大儒，憑藉多年積累才能有此名望，某人若能夠比孔子還高明，已經使人為之瞠目了，更何況他竟然是個失去了一隻腳的人呢？又何況他「立不教，坐不議」卻能使人收穫頗豐呢？這實在使人難以理解！然而，面對常季的疑問，孔子給出了分別的解答：

其一，形體的缺陷並不會影響格知萬物、參悟天道，失去一隻腳，猶如丟失一塊泥土那樣微不足道。

其二，王駘全心「修己」，心無旁騖，無懼生死，無視天地，不與物遷，故而可以進入至境。所謂「立不教，坐不議」，並非有意為之，只是他自然地守定意念而已。

其三，合乎天道，便是最高的成就，自然成為萬物之首，成為眾人追隨的楷模。

總之，形體的缺陷與追尋天道，兩者並無關聯。何必把目光放在「兀者」的身分上呢？最主要的不還是「參悟天道」嗎？

申徒嘉，兀者也，而與鄭子產同師於伯昏無人。子產謂申徒嘉曰：「我先出則子止，子先出則我止。」其明日，又與合堂同席而坐。子產謂申徒嘉曰：「我先出則子止，子先出，則我止。今我將出，子可以止乎，其未邪？且子見執政而不違，子齊執政乎？」

申徒嘉曰：「先生之門，固有執政焉如此哉？子而說子之執政而後人者也。聞之曰：『鑑明則塵垢不止，止則不明也。久與賢人處則無過。』今子之所取大者，先生也，而猶出言若是，不亦過乎！」

子產曰：「子既若是矣，猶與堯爭善，計子之德，不足以自反邪？」

申徒嘉曰：「自狀其過，以不當亡者眾；不狀其過，以不當存者寡。知不可奈何而安之若命，唯有德者能之。遊於羿之彀中，中央者，中地也；然而不中者，命也。人以其全足笑吾不全足者多矣，我怫然而怒；而適先生之所，則廢然而反。不知先生之洗我以善邪，吾之自寤邪？吾與夫子遊十九年矣，而未嘗知吾兀者也。今子與我遊於形骸之內，而子索我於形骸之外，不亦過乎！」

子產蹴然改容更貌曰：「子無乃稱！」

子產開始理解兀者申徒嘉

・德充符故事之二：身有缺陷，無關悟道

王駘已入至境，世人便佩服他，追隨他，而若是像申徒嘉這樣，同樣是刖足之人，卻不過是個普通人，人們對待他的態度便十分不同了。

很多人都會對申徒嘉的「不全足」施以嘲笑。笑人之短，原是世間常見之事，這種結果倒也不足為奇。

而子產，身為鄭國的執政大臣，又是同窗，卻表現得更加激烈，不僅不願意與申徒嘉「合堂同席而坐」，甚至當面對他表示：兩人不能共處。這種說法實在是很無禮，子產此時不僅沒有絲毫的同窗之誼，反而又透出執政大臣的盛氣凌人。他的見識和境界與嘲笑申徒嘉的那些人實在沒什麼不同，既然如此，又如何能向伯昏無人問道呢？又如何能修身養性呢？

申徒嘉師從伯昏無人十九年，卻從未有任何與刖足有關的念頭，而且，伯昏無人還會春風化雨般化解他心中的種種憤怒和不安。這才是高明的境界啊！與之相比，執政大臣的俗世身分又算得了什麼呢？

境界相比，高下立判，子產之渺小立刻便顯露出來。不過，最厲害的還要數申徒嘉最後的兩句話：「今子與我遊於形骸之內，而子索我於形骸之外，不亦過乎！」

號稱是在修心，而還是會受困於心外之物。這樣的人，恐怕遠不止子產一個吧！那麼，與內外渾然一體的申徒嘉相比，到底誰才是有缺陷的那個人呢？

三

魯有兀者叔山無趾，踵見仲尼。仲尼曰：「子不謹，前既犯患若是矣。雖今來，

何及矣！」

無趾曰：「吾唯不知務而輕用吾身，吾是以亡足。今吾來也，猶有尊足者存，吾是以務全之也。夫天無不覆，地無不載，吾以夫子為天地，安知夫子之猶若是也！」

孔子曰：「丘則陋矣。夫子胡不入乎？請講以所聞。」無趾出。

孔子曰：「弟子勉之！夫無趾，兀者也，猶務學以復補前行之惡，而況全德之人乎！」

無趾語老聃曰：「孔丘之於至人，其未邪？彼何賓賓以學子為？彼且以蘄以諔詭幻怪之名聞，不知至人之以是為己桎梏邪？」

老聃曰：「胡不直使彼以死生為一條，以可不可為一貫者，解其桎梏，其可乎？」

無趾曰：「天刑之，安可解！」

孔子不能理解兀者叔山無趾

・德充符故事之三：心有缺陷，猶如天刑，難以彌補

叔山無趾也是一位魯國的殘疾人，他沒有王駘那樣的名望，並且，還因為失去了腳趾，便十分辛苦地用腳跟走路，來見孔子。然而，孔子非但沒有像尊重王駘那樣尊重他，反而還對他進行了批評。

孔子認為：君子應當謹言慎行，保全自身。無趾遭到刖刑便是他自己不謹慎的結果，這足以證明他自身存在問題。若是不能反思悔過，又怎麼能有所成就呢？故而孔子對無趾說道：「雖今來，何及矣？」

針對孔子的批評，無趾給出了兩點反擊：

首先，無趾承認自己因為「不知務」和「輕用吾身」而獲罪的不足，然而，雖然身有殘疾，心卻沒有缺陷，這難道不是求道之路上最重要的嗎？

其次，無趾尊奉孔子為聖人，而聖人怎麼不能像天地那樣包容萬物呢？

一番交談之後，孔子認為無趾講得對，並且反過來尊稱他為「夫子」。然而，真正的

交鋒還在後面。

由孔子和弟子的對談中可以看出，孔子是認為無趾用心地反思、彌補了之前的過錯，從而認可了他；並且，孔子其實依然認為無趾的德行不全，並以此來激勵所謂全德之人。

在〈養生主〉中，莊子便提出了做人的準則之一：「為惡無近刑。」即是說，世間的善惡並無絕對的標準，不必為此而糾結。無趾雖然受到了刑罰，但他一定就是做了惡事嗎？孔子的弟子們沒有受到刑罰，就一定沒有做過惡事嗎？為什麼一定要認為無趾是有過錯的，是需要彌補的呢？為什麼就認定無趾的德心一定有所虧欠呢？

並且，內心和外物怎麼能一概論之？上文中申徒嘉反問子產：「今子與我遊於形骸之內，而子索我於形骸之外，不亦過乎！」也正是對孔子的批評。

由此，雖然得到了孔子的認可和尊重，但此時無趾卻對孔子評價很低，認為他遠遠未到「至人」的境界；正如兀者殘缺的形體那樣，孔子的內心也受到了天刑。

身上帶著刑具，尚可以解開，若是遭受了刑罰，又怎能彌補？此處，莊子對於儒學的批評，實在是很嚴厲了！

魯哀公問於仲尼曰：「衛有惡人焉，曰哀駘它。丈夫與之處者，思而不能去也。婦人見之，請於父母曰『與為人妻，寧為夫子妾』者，數十而未止也。未嘗有聞其唱者也，常和人而已矣。無君人之位以濟乎人之死，無聚祿以望人之腹。又以惡駭天下，和而不唱，知不出乎四域，且而雌雄合乎前，是必有異乎人者也。寡人召而觀之，果以惡駭天下。與寡人處，不至以月數，而寡人有意乎其為人也；不至乎期年，而寡人信之。國無宰，寡人傳國焉。悶然而後應，氾而若辭。寡人醜乎，卒授之國。無幾何也，去寡人而行。寡人恤焉若有亡也，若無與樂是國也。是何人者也？」

仲尼曰：「丘也嘗使於楚矣，適見㹠子食於其死母者，少焉眴若，皆棄之而走。不見己焉爾，不得類焉爾。所愛其母者，非愛其形也，愛使其形者也。戰而死者，其人之葬也不以翣資；刖者之屨，無為愛之，皆無其本矣。為天子之諸御，不爪翦，不穿耳；取妻者止於外，不得復使。形全猶足以為爾，而況全德之人乎！今哀駘它未言而信，無功而親，使人授己國，唯恐其不受也，是必才全而德不形者也。」

哀公曰：「何謂才全？」

仲尼曰：「死生、存亡、窮達、貧富、賢與不肖、毀譽、饑渴、寒暑，是事之變，命之行也。日夜相代乎前，而知不能規乎其始者也。故不足以滑和，不可入於靈府。使之和豫，通而不失於兌。使日夜無郤，而與物為春，是接而生時於心者也。是之謂才全。」

「何謂德不形？」

曰：「平者，水停之盛也。其可以為法也，內保之而外不蕩也。德者，成和之修也。德不形者，物不能離也。」

哀公異日以告閔子曰：「始也吾以南面而君天下，執民之紀而憂其死，吾自以為至通矣。今吾聞至人之言，恐吾無其實，輕用吾身而亡吾國。吾與孔丘，非君臣也，德友而已矣。」

孔子看似理解惡人哀駘它

・德充符故事之四：才全而德不形

惡人哀駘它與前文兀者王駘的故事如出一轍：其一，都是魯國人；其二，形體都有缺陷；其三，追隨者都很多。然而，追隨王駘的人是為了獲取智慧，接近哀駘它的人卻是為了獲得安寧，這便有了根本的不同。

王駘「立不教，坐不議」，並不與追隨者有過多的交流；哀駘它雖然也不發表什麼主張，卻常常與人相和，深諳其中之道。於是，當與哀駘它交往的時候，魯哀公很信任他，而當他離開的時候，魯哀公感到失去了獨有的快樂。為此，孔子解釋為「才全而德不形」。

所謂「才全」，指的是與所有事物相「滑和」的能力：消化所有的外部事件，保全自己的內心，使之不受侵擾。所謂「德不形」，指的是內心之德並不有所外露，如此便可以和同萬物。

「才全而德不形」，看似是某種值得推崇的境界，但實際上，不過是與人相處的一個法門罷了。兀者王駘的修為和成就是可見的，而惡人哀駘它又有什麼成就呢？不過只是使人感到舒服而已，那些接近他的人也不曾有什麼收穫。

值得注意的是，哀公聽了孔子的一席話以後心悅誠服，稱孔子為「德友」。這個稱呼有趣極了：按照孔子的解釋，所謂「德友」，不就是互相應和之友嗎？在本質上，這不就是哀駘它的替代者嗎？

並且，哀公原先「執民之紀而憂其死」，聽從了孔子的倡導，遂有「輕用吾身而亡吾國」的感悟，這與哀駘它並無關係，換言之，此時哀公已經將哀駘它忘卻了！

另外，心生佩服的哀公又稱孔子為「至人」，然而，魯哀公見識不高，他的評價就是正確的嗎？上文中無趾不是剛剛評價過孔子，認為他遠遠達不到「至人」的境界嗎？

所以，這個有趣的故事還並未結束，莊子在下一段中才展示出它真正的答案。

四個故事，七種符命

．德充符故事小結：身刑不足為奇，心刑無法彌補

本篇〈德充符〉，第一部分為展示部分，至此結束。它由四個故事組成，其中，一共有七個人物展現了性格，分別是兀者王駘與孔子，兀者申徒嘉與子產，兀者叔山無趾與孔子，惡人哀駘它、魯哀公與孔子。前三個故事的核心人物都是兀者，最後一個故事的核心人物是惡人，又可分別歸為兩組。

第一組，天道（兀者）之組。

王駘、申徒嘉、叔山無趾三個人都是兀者，是追隨天道之人，他們的三次遭遇分別展示了世人對天道的三種態度：

其一，表示理解。

兀者王駘已經獲得了世人的認可，「從之遊者與夫子中分魯」，故此，孔子亦尊稱他為夫子。其實，參考後文的故事來看，孔子並不懂得天道，他對王駘的認可不過是對其人道的認可。不過，孔子的認可又當如何，不認可又當如何呢？世人的理解與否對王駘有影

響嗎？這裡其實有莊子留給讀者的一個思維的小圈套。

其二，本不理解，但可以說服。

兀者申徒嘉亦是追隨天道且頗有見地之人，與王駘所不同的是，他尚未取得世間的成功，便被高傲的子產所輕視。經過一番探討，子產改變了對申徒嘉的看法，無疑，此時他是一個由追隨人道轉為追隨天道之人。耐人尋味的是，在四個故事中，只有這個故事的第二角色是有所領悟的，也偏偏只有這個故事的第二角色並非由孔子來擔當，顯然莊子是在暗示孔子的冥頑不化。

其三，看似說服，但沒有真正理解。

兀者叔山無趾代表天道，孔子代表人道，一番交鋒之後，看似孔子被說服了，其實他並沒有醒悟，仍然陷在自己的小知之中難以自拔，故此無趾稱之為「天刑」。世間又有幾人能像子產一樣幡然醒悟呢？恐怕，這種無法理解卻又自以為是的狀況，才是世間的常態吧！在這個故事裡，莊子也為下面的故事埋下了伏筆，進一步顯示人道之學的圓滑無益。

第二組，偽天道（惡人）之組。

哀駘它所代表的是偽天道，與天道之人很像，卻根本不是，粗看上去似乎是大知，實際上卻毫無內涵。莊子特意用兩個線索來加以暗示：其一，王駘等三人都是兀者，身不全而心無刑，哀駘它卻是惡人，身心不善，毫無建樹；其二，王駘，其名為王者駘蕩之意，真知入心，使人舒暢，而哀駘它卻大相逕庭，其名為哀曲自我、討好他人之意，僅有圓滑處世，並無真知。

孔子對偽天道是沒有辨別的，他對哀駘它的評價是「才全而德不形」，「才全」尚可說，「德不形」卻表現在何處呢？其實，哀駘它原本無德可形，自然便「不形」了。哀駘它之受歡迎程度可與王駘相比，然而，哀駘它無內涵，王駘有內涵，孔子無法分辨，只能將之混為一談。這不正是人道的局限所在嗎？

魯哀公又代表著更低一層的無知，在天道與偽天道之間更沒有分辨能力，反而還誤以為孔子的境界已經達到至人。而孔子所追隨的人道，對魯哀公這樣的人並沒有度化的能力，僅有一些「德友」的假象，既不能渡己，更不能渡人，這不正是人道的另一重局限所在嗎？

總之，四個故事，四組人之常情，七種符命，有些人帶著天生的缺陷不斷探索、小有成就，有些人沉陷於圓滑處世之中，有些人有所領悟，有些人毫無進益，有些人自圓其陋，有些人全無主見……種種天生的符命，概無可躲，何必要將眼光拘繫於此呢？何不全心待之、以德充之呢？

闉跂支離無脤說衛靈公，靈公說之；而視全人，其脰肩肩。甕盎大癭說齊桓公，桓公說之；而視全人，其脰肩肩。故德有所長，而形有所忘。人不忘其所忘，而忘其所不忘，此謂誠忘。

故聖人有所遊，而知為孽，約為膠，德為接，工為商。聖人不謀，惡用知？不斲，惡用膠？無喪，惡用德？不貨，惡用商？四者，天鬻也。天鬻者，天食也。既受食於天，又惡用人！有人之形，無人之情。有人之形，故群於人；無人之情，故是非不得於身。眇乎小哉，所以屬於人也！謷乎大哉，獨成其天！

有人之形，無人之情

・德充符寓言之一：德有所長，而形有所忘

衛靈公喜歡闉跂支離無脤的言談，再看到健全的人，反而不順眼了。齊桓公喜歡甕㼜大癭的言談，再看到健全的人，反而不順眼了。所以，相處之道是會改變的，無論什麼樣的形體，無論好壞，都會被遺忘。

若是對應忘之事卻念念不忘（比如已經離去的哀駘它），卻又偏偏忘記了不忘之事（比如問求天道），這樣不明主次、本末倒置的做法，便是忘卻自身而迷失於世間了，莊子稱之為「誠忘」。上文的魯哀公，心隨哀駘它而迷失，又隨孔子一番言談而迷惑，不曾有自己的見解，這不就是「誠忘」嗎？

而對於遊走於世間的一些聰明人，往往以智慧之術來做下惡行，以禮儀約束來膠合他人，以外德之技來與人交往，以工巧之技來與人交換，也是很不可取的！若是心中無外物，無俗世，一心求得天道，又怎麼會有謀略、有斷捨、有失去、有交易呢？

孔子對於王駘的評論，很有「求知」的態度，對自己和他人都有修為的增長，故而莊子予以肯定；相比之下，孔子對於哀駘它的解讀，並沒有使魯哀公真正有所感悟，這種話術僅僅是使孔子獲得了信任，並且還給魯哀公帶來了新的迷惑，故而莊子進行了嚴厲的批評，稱這樣的行為是惡行（「為孽」）、友情誘引（「為膠」）、情感接洽（「為接」）、人情交易（「為商」）。

所以，這一段文字才是哀駘它故事的真正結尾，分別對魯哀公和孔子進行了批評，同時提出了莊子自己的思想。

此時之魯哀公未必可教，此時之孔子亦未必要以天道來引渡他，莊子主要批評的仍然是：儒家的眼界不夠開闊，境界不夠高大。

「聖」之本意即是「聰」，耳聰目明的智者稱為聖人，孔子的智慧亦是莊子所一向認可的。然而儒家一向輕於天道，重於人道，便是與莊學格格不入之處。莊子的信念是：若是陷於人情，一味探求人道，則「眇乎小哉，所以屬於人也」；只有留乎人形，無人之情，探究天道，才可以「謷乎大哉，獨成其天」！

惠子謂莊子曰：「人故無情乎？」

莊子曰：「然。」

惠子曰：「人而無情，何以謂之人？」

莊子曰：「道與之貌，天與之形，

惡得不謂之人？」

惠子曰：「既謂之人，惡得無情？」

莊子曰：「是非吾所謂情也。

吾所謂無情者，

言人之不以好惡內傷其身，

常因自然而不益生也。」

惠子曰：「不益生，何以有其身？」

莊子曰：「道與之貌，天與之形，

無以好惡內傷其身。

今子外乎子之神，勞乎子之精，

倚樹而吟，據槁梧而瞑。天選子之形，子以堅白鳴。」

人故無情

・德充符寓言之二：無以好惡內傷其身

如果只談「留乎人形，無人之情」，聽起來未免抽象，人若失去了人情，豈不就脫離人的屬性了嗎？其實不是。莊子給出的具體標準是：「不以好惡內傷其身，常因自然而不益生。」

第一條標準「不以好惡內傷其身」，其實十分近似於孔子所提出的「不足以滑和，不可入於靈府」，也就是「才全」。第二條標準才最重要：「常因自然而不益生。」也是莊學與儒學、名學的核心差異所在。

「常因自然」，就是以天道為重，因憑自然而為；「不益生」，就是不要人為地去增益外物，看似增益了生命，其實無用，白白消耗自己。

孔子重視「人情」，以人道為重，便抱著「益生」之念，為魯哀公解惑，最後的結果，其實只是憑口舌之術增加了「人情」而已，魯哀公更加陷入迷惑，孔子的修為也沒有增長，彼此都沒有進益，其實是「不益生」的。

以惠子為代表的名家，往往「倚樹而吟，據槁梧而瞑」，試圖以雄辯來說服他人，其實不過是徒勞耗費精神，實質上沒有進益，「不益生」。在〈齊物論〉中，莊子即批評過他們：「非所明而明之，故以堅白之昧終。」在此，他又一次惋惜地說：「上天選中了你的形體，卻沒有選中你的內心，你浪費了生命，白白地進行著『堅白之論』這樣無用的辯論！」

道與之貌，天與之形

．德充符全篇總結：身即外物，以德充之

〈德充符〉這一篇，表面上看，其探討的是「做人」，與上一篇〈人間世〉探討「做事」相並論，其實，在本篇的最後，莊子道出了莊學的真諦：「道與之貌，天與之形，無以好惡內傷其身。」人的形貌、肉身，都由天道所賦予，無非仍然是外物而已，故此，一切只要「無傷其身」即可，最重要的仍然是探求天道、構築內心。

本篇開篇講述了四個故事，其中，王駘、申徒嘉、無趾三人，雖然身受刑罰，卻深知身為外物，故而不以為意，一意修心，可稱是「德充符」的典範，不過，其他幾人，或者有所領悟，或者不懂裝懂，或者懵懂無知，所經歷者，不也正是自己的符命嗎？符命都是外物，哪有什麼好壞呢？只要以德充之，以心修之，終究都是天道。智慧總會成長，怎麼會永恆不變呢？無論王駘還是哀駘它，無論正確與否，終究都是一時之事，每個人都有更遠的路要繼續前行。

故此，雖然孔子充當了三個故事中的反面角色，那只是莊子對儒學當下的觀感，試

圖以此來展示種種思辨，並不代表以後的變化。而篇尾處好友惠子的特別出現，正體現了莊子對他額外的惋惜和關心：據梧而吟、堅白之術雖好，卻不過仍是外物，「天選子之形」，而子之心在何處？子之道在何處？子之德在何處？

惠子的方法論和莊子大有相近之處，而為什麼說他的選擇和堅持是偏離天道的呢？由此，討論的話題也漸漸轉向以下問題：人在世間，何者為形，何者為心？何者為情，何者為生？何者為傷，何者為益？何者為偽，何者為真？

〈人間世〉、〈德充符〉兩篇，大多談論「外物」，終究是偏於「處世」之法門，若要有所建樹，還是要探究「內心」，這便是下一篇〈大宗師〉所要展開的。

第六篇

大宗師

既有真人之悟，便得真人之道。

上一篇〈德充符〉，以莊子對惠子的惋惜和批判作為結尾，莊子認為惠子「以堅白鳴」是一種生命的揮霍，浪費了「天選子之形」之天道安排。那麼，人生在世間，應當如何去做呢？這便是本篇〈大宗師〉所要探究的主題。莊子開篇便總結道：「知天之所為，知人之所為者，至矣。」

〈人間世〉、〈德充符〉兩篇，一篇探討世間之事，一篇探討世間之人，至此篇〈大宗師〉，所探討的便是世間之心。這三篇內容也正是莊學在世間之實踐的完整論述。

〈逍遙遊〉、〈齊物論〉、〈養生主〉三篇，是《莊子．內篇》之立言，是莊學之體；〈人間世〉、〈德充符〉、〈大宗師〉是《莊子．內篇》之實踐，是莊學之用。體、用至此已經論述完備，故此，本篇〈大宗師〉亦是對莊學的一次整體性的總結，不僅與前文的諸般論述皆有所呼應，而且其最後的寓言意味深長，亦是《莊子．內篇》的又一次結尾。

前兩篇〈人間世〉與〈德充符〉，意在呈現莊學在世間種種事態中的實踐，便都以故事開篇。至此，外物之討論已經明晰，本篇〈大宗師〉開始進入修心之探討，所以，前半部分不再以故事開篇，而是以哲學思辨立言，其結論正是前文各篇之總結：守真、從天、非物、聞道。這是至人修行之法則，是《莊子．內篇》較為完整的總結，亦是《莊子．內篇》體系化的結論呈現。至後一篇〈應帝王〉，內容便是雜論之屬了。

本篇後半段，莊子又講述了若干寓言，意在對至人修行之法進行補充說明。這其中，孔子又占據了三個寓言中的主要角色，他依次經歷了為人解惑、自我批評、反師為徒三個階段，這亦是莊子特意為其設置的提醒和勉勵，希望儒學可以打破人道的禁錮，參悟更高的境界。

本篇的結尾更加耐人尋味：前面五個寓言都是參悟天道的成功範例，最後一個寓言卻偏偏寫失敗的痛苦。莊子特意以此來作為《莊子．內篇》的一個結尾，故意與開篇鯤鵬故事的壯美相對應，以如此巨大的反差向人們發出警示：求道之路並非一帆風順，非要有百折不撓之精神方可！

知天之所為，知人之所為者，至矣。知天之所為者，天而生也；知人之所為者，以其知之所知，以養其知之所不知，終其天年而不中道夭者，是知之盛也。雖然，有患。夫知有所待而後當，其所待者特未定也。庸詎知吾所謂天之非人乎？所謂人之非天乎？

知天之所為，知人之所為

・大宗師論述之一（前提）：先有真人，然後有真知

「知天之所為」，即是知曉「天而生也」，即是知曉「天籟」，在〈齊物論〉中論述頗多。

「知人之所為」，即是知曉人生的目標，其中包括道理、方法、信念，在〈養生主〉中論述頗多。

「知天」、「知人」的具體實踐，其一對事，其二對人，分別在〈人間世〉、〈德充符〉兩篇進行論述。

而「知天」與「知人」的目的與境界，不正是開篇〈逍遙遊〉中所論述的嗎？「至人無己，神人無功，聖人無名。」此處，莊子亦總結道：「至矣！」

由此，〈大宗師〉一篇，便是對前五篇的總結，也是對《莊子．內篇》，乃至莊子主要思想的一次總結。

雖然莊學主題思想至此已經基本表述完備了，然而，仍然有一個隱藏的問題擺在眼前：天與人的分界在何處呢？

這真是一個太關鍵的問題了！本來天道、人道之說已經臻於圓融，然而，天道與人道邊界的不確定卻會一連串地引發出無窮的問題，所以莊子說「雖然，有患」。譬如，為何稱儒學是人道？儒學為何不是天道？莊學為何不是人道？……還有，如何才是「知天」呢？怎樣才是「知人」呢？人之知不是有所局限嗎？那麼，如何確定已有之知是正確的呢？……

總之，知天、知人只是探索天道的法門，若要解決問題，則要有進一步的方法。莊子給出的答案是：「且有真人，而後有真知。」換言之，求己之真。

何謂真人？

古之真人，不逆寡，不雄成，不謨士。若然者，過而弗悔，當而不自得也；若然者，登高不慄，入水不濡，入火不熱。是知之能登假於道者也若此。

古之真人，其寢不夢，其覺無憂，其食不甘，其息深深。真人之息以踵，眾人之息以喉。屈服者，其嗌言若哇。其耆欲深者，其天機淺。

古之真人，不知說生，不知惡死；其出不訢，其入不距；翛然而往，翛然而來而已矣。不忘其所始，不求其所終；受而喜之，忘而復之，是之謂不以心捐道，不以人助天，是之謂真人。若然者，其心志，其容寂，其顙頯；淒然似秋，煖然似春，喜怒通四時，與物有宜而莫知其極。故聖人之用兵也，亡國而不失人心，利澤施乎萬世，不為愛人。故樂通物，非聖人也；有親，非仁也；天時，非賢也；利害不通，非君子也；行名失己，非士也；亡身不真，非役人也。若狐不偕、務光、伯夷、叔齊、箕子、胥餘、紀他、申徒狄，是役人之役，適人之適，而不自適其適者也。

古之真人，其狀義而不朋，若不足而不承；與乎其觚而不堅也，張乎其虛而不華也；邴邴乎其似喜乎，崔乎其不得已乎，滀乎進我色也，與乎止我德也，厲乎其似世乎，謷乎其未可制也，連乎其似好閉也，悗乎忘其言也。以刑為體，以禮為翼，以知為時，以德為循。以刑為體者，綽乎其殺也；以禮為翼者，所以行於世也；以知為時者，不得已於事也；以德為循者，言其與有足者至於丘也；而人真以為勤行者也。故其好之也一，其弗好之也一。其一也一，其不一也一。其一與天為徒，其不一與人為徒。天與人不相勝也，是之謂真人。

真人的定義

‧大宗師論述之二（法則）：天與人不相勝也

什麼才是真人呢？莊子給出了四個要點，也作為對前文其他幾篇的回應：

其一，真人於事，虛心以待。

「古之真人，不逆寡，不雄成，不謨士」，便是順應天道，虛心以待，尊重未知，如此，內心便可以沉穩不亂。

其實，萬變不離其宗，在第四篇〈人間世〉中，莊子展示了欲做之事、必做之事、待做之事，其解決方法分別是無心為之、盡心為之、隨而化之，不正是此處所說的「過而弗悔，當而不自得」嗎？其實質不仍然是「心齋」嗎？

其二，真人於道，精氣集中。

保持神明，不分散於外物，便可以致力於道。

在第二篇〈齊物論〉中，莊子以「其寐也魂交，其覺也形開」的事例警示世人，而此處之真人卻可以「其寢不夢，其覺無憂」，與之針鋒相對；〈齊物論〉中有「樂出虛，蒸成菌」的耗散者，本處有「息以喉」的眾人與之呼應；〈齊物論〉中有「大辯不言」的戒律，本處有「嗌言若哇」的批評，其實，它們所論述的，仍然都是「葆光」之訣竅。

其三，真人於人，無情專心。

以心捐道，便無所畏懼生死，亦無擾亂其修心，這便是第五篇〈德充符〉所講的「無情」。

所謂「無情」，並非消除喜怒哀樂，而是並不以情相寄。按照莊學之說，人在世間，亦應有喜，亦應有怒，亦應有哀，亦應有樂，卻不可沉湎其中。故此，〈養生主〉中，秦失憑弔老聃，亦跟隨眾人而哀，卻只是三號而出；〈德充符〉中，莊子告誡惠子「不以好惡內傷其身」；在本處，莊子強調「淒然似秋，煖然似春，喜怒通四時，與物有宜而莫知其極」。這些都是不傷本元之法門，即「無情」。

「無情」，便可以不畏生死、無懼往來，便可以虛心得道，而不會墜入「以心捐道」的陷阱中去——那種做法看似虔誠，實際卻是南轅北轍的偽道，人的真性即是天道，哪裡需要這些做張做勢的表面功夫呢？

在人道以內，「無情」亦可以無往而不利。以「無情」之境界用兵，便可以「亡國而不失人心」，否則，便做不到真正的「役人」，譬如狐不偕等一眾高士，都因為種種逼迫而死，不受其役，不就是因為施役者「有情」、有所圖謀的緣故嗎？這一段談論是莊子借「無情」的話題順勢而為，其內容在之前的篇章中未曾出現過，所對應的其實是下一篇〈應帝王〉中的「未始入於非人」。

其四，真人於己，自然和德。

何為真人？有狀義，有不足，有觚，有虛，故成其人；不朋、不承、不堅、不華，方顯其真。在第三篇〈養生主〉中，莊子借秦失之口提出：「安時而處順，哀樂不能入也。」便是此意。

然而，安時而處順，絕不是無欲無求之意，它指的是順應天道。一切隨遇而安，而究竟如何能「安」，則非要極高的境界才行，心中要有不變的法則：「以刑為體，以禮為翼，以知為時，以德為循。」

人道是變易的，天道是永恆的，真人「專一」於天道，「不一」於人道，便是所謂「緣督以為經」。人道為何變易呢？因為它在六合之內，往往隨時代、環境、認知等因素而改變。天道為何永恆呢？因為它在六合之外，永遠探索無盡。人道之產生、變易、興亡，皆在天道之中，故此，「天與人不相勝也」。

本篇前文曾提出問題：「庸詎知吾所謂天之非人乎？所謂人之非天乎？」至此我們知道：凡變易者皆非天道，凡疑問者皆非天道，任何人道都包含在天道之中。這個問題便根本不必解決，它哪裡是真正的問題呢？

死生，命也。其有夜旦之常，天也。人之有所不得與，皆物之情也。彼特以天為父，而身猶愛之，而況其卓乎！人特以有君為愈乎己，而身猶死之，而況其真乎！

泉涸，魚相與處於陸，相呴以濕，相濡以沫，不如相忘於江湖。與其譽堯而非桀也，不如兩忘而化其道。

夫大塊載我以形，勞我以生，佚我以老，息我以死。故善吾生者，乃所以善吾死也。

夫藏舟於壑，藏山於澤，謂之固矣！然而夜半有力者負之而走，昧者不知也。藏小大有宜，猶有所遯。若夫藏天下於天下而不得所遯，是恆物之大情也。特犯人之形而猶喜之，若人之形者，萬化而未始有極也，其為樂可勝計邪？故聖人將遊於物之所不得遯而皆存。善妖善老，善始善終，人猶效之，又況萬物之所係而一化之所待乎！

夫道有情有信，無為無形；可傳而不可受，可得而不可見；自本自根，未有天地，自古以固存；神鬼神帝，生天生地；在太極之先而不為高，在六極之下而不為深，先天地生而不為久，長於上古而不為老。豨韋氏得之，以挈天地；伏戲得之，以襲氣母；維斗得之，終古不忒；日月得之，終古不息；堪壞得之，以襲崑崙；馮夷得之，以游大川；肩吾得之，以處大山；黃帝得之，以登雲天；顓頊得之，以處玄宮；禺強得之，立乎北極；西王母得之，坐乎少廣，莫知其始，莫知其終；彭祖得之，上及有虞，下及五伯；傅說得之，以相武丁，奄有天下，乘東維，騎箕尾，而比於列星。

相濡以沫，不如相忘於江湖

• 大宗師論述之三（阻礙）：心有天道，才有江湖之大

論述至此，目標已經明確——天道而非人道；手法已經明確——先有真人，再有真知；然而，此時尚有求真的阻礙，不可不知——便是「物之情也」，外物對於求知的

羈絆。

無論死生、仁義、君臣……，本質上都是外物，與內心無關，此事已有多次辨明。然而，一到了事情的緊要關頭，又有多少人能夠勘破而不深陷其中呢？實在很難。故此，莊子又特意講了一個「相濡以沫」的故事：

泉水乾涸，有些魚在陸地上掙扎地活著，以濕氣相互滋潤，以唾液相互沾濕。

時至今日，「相濡以沫」依然是一個常用的褒義詞，體現了困境之中彼此幫助的精神。誠然，此種精神確實值得讚美，然而，「相濡以沫」的背景卻是「魚相與處於陸」，魚不可缺水，卻被迫要在陸上生存，如此惡劣的環境，「相濡以沫」又有什麼實用呢？而且，得到讚美的就一定是至善之事嗎？莊子在〈逍遙遊〉中即已經提出：「聖人無名。」圖謀讚美的虛名，不正是違背本心的事嗎？因此，莊子給出的批語是：「不如相忘於江湖。」

「相忘於江湖」，其核心之道在於「江湖」，而不是「相忘」。陸上之魚，最緊要的是要想辦法跳到江湖之中，而不是苦苦地在此地掙扎。由陸地去往江湖，猶如大鵬由北冥飛往南冥，是要有大智慧、大勇氣、大決心才能辦到的事。一旦到了江湖的新天地，自然便會水到渠成，忘記陸地之小，不再理會這些小知小境。

江湖之大，想要到達談何容易？何況還有那些虛名的牽絆？於是，明明很艱苦，也沒有任何意義，但有些魚就是選擇在陸地上「相濡以沫」，享受著世間的讚歎，彷彿自己像帝堯一般偉大，還對去往江湖之魚施以批評，認為他們像夏桀那般殘暴無情。如此不真之人，受到懶惰和愚蠢的羈絆，又如何能知曉真正的天道呢？

在〈人間世〉中，莊子借楚狂接輿之口告訴大家：「方今之時，僅免刑焉。」人們生活在如此糟糕的時代，不正是「魚相與處於陸」嗎？顏回之衛、顏闔將傳衛靈公大子等事，本質上不都是「相濡以沫」這樣的無用功嗎？既然如此，何必不「兩忘而化其道」呢？

南伯子葵問乎女偊曰：「子之年長矣，而色若孺子，何也？」

曰：「吾聞道矣。」

南伯子葵曰：「道可得學邪？」

曰：「惡！惡可！子非其人也。夫卜梁倚有聖人之才而無聖人之道，我有聖人之

道而無聖人之才。吾欲以教之，庶幾其果為聖人乎！不然，以聖人之道告聖人之才，亦易矣。吾猶守而告之，參日而後能外天下；已外天下矣，吾又守之，七日而後能外物；已外物矣，吾又守之，九日而後能外生；已外生矣，而後能朝徹；朝徹，而後能見獨；見獨，而後能無古今；無古今，而後能入於不死不生。殺生者不死，生生者不生。其為物，無不將也，無不迎也，無不毀也，無不成也，其名為攖寧。攖寧也者，攖而後成者也。」

南伯子葵曰：「子獨惡乎聞之？」

曰：「聞諸副墨之子，副墨之子聞諸洛誦之孫，洛誦之孫聞之瞻明，瞻明聞之聶許，聶許聞之需役，需役聞之於謳，於謳聞之玄冥，玄冥聞之參寥，參寥聞之疑始。」

問道之路

•大宗師論述之四（方法）：道可悟，不可學

在前三部分中，目標、手法、阻礙，這些「聖人之道」已經論述全面，而且清晰，既然如此，是否便可得道了呢？當然不行！探求天道的過程必然充滿艱辛，不能一蹴而就，必須親力親為。即使參悟者具備「聖人之才」，也必須要親自經過種種錘鍊，絕非易事。

故事中，女偊已經得道，「有聖人之道」，然而，求道之路絕不可越俎代庖，他無法使卜梁倚輕易得道，使其成聖，這便是所謂「無聖人之才」。在此處，「聖人」意為「使人為聖」，是使動用法的句式結構。

而卜梁倚未曾得道，「無聖人之道」，卻已經明確了求道的途徑，所欠缺的是親自實踐和體悟，故而稱他「有聖人之才」。在此處，「聖人之才」是對個人器質的肯定。

具有「聖人之才」，又堅定了「聖人之道」，其路途有多麼艱辛呢？以卜梁倚為例，要勘破天下、勘破萬物、勘破生死、豁然徹悟、獨有洞見、超越古今、不生不滅……這才漸漸接近天道。

卜梁倚有女偊的引領，遂能有此成就，如若自行參悟，又當如何呢？以女偊為例，要參悟輾轉流傳的文字（副墨之子），再順藤摸瓜參悟口口相傳的訣竅（洛誦之孫），再順流向上參悟曾有的目見之徵象（瞻明），這些徵象可能來自各處的耳聞（聶許），耳聞又來自不斷的實踐（需役），實踐來自歌頌（於謳），歌頌來自靜思（玄冥），靜思來自空曠之境（參寥），空曠之境來自萬物之本源（疑始）……。

萬物之本源稱作「疑始」，那是因為「知也無涯」，未知之事實在是無窮無盡的，女偊也無法知曉其真正的開始。在這個故事中，莊子稱女偊為「聞道」之人，那不過也是相對而言，誰又能真正通徹地知曉天道呢？

故此，無論是女偊還是卜梁倚的悟道之路，不過都是一種形容罷了，其過程勢必要艱辛而漫長。

在此寓言中莊子也埋下了許多暗示，從名字來看，卜梁倚的含義是：能夠選擇（卜）正確的橋梁大道（梁）以憑藉（倚）。其憑藉的便是女偊的「聖人之道」，所以他有「聖人之才」，可以漸漸得道。

女偊的含義是：一個人（女，通汝）永遠踽踽獨行（偊）。可見聖人之道的孤獨和漫長，必須要獨自一人默默堅持。

子葵的含義是：審度之心（葵，通揆）。樂於求問、審度、思考，本是好事，不過，如果只限於此，不肯親力親為地向前走出一步，又怎麼能夠探求天道呢？故此女偊評價說：「子非其人也！」

大宗師之路

・大宗師立言小結：守真、從天、非物、聞道

人生在世間，首先要「知天之所為，知人之所為者」，如此才可能進入至人之境。這是追求天道的基礎。

不過，如何才能知天、知人呢？如何才能獲得正知呢？答案是：「且有真人，然後有真知。」便是所謂「守真」。

如何「守真」？莊子列舉了古之真人的諸般法門，其實萬變不離其宗，都在前面各篇中出現過，其核心要旨便是：「天與人不相勝也。」目的、方法已經明確，然而，為何仍然無法成為至人？概因為「物之情」甚深，阻礙甚深。若是勘破物情，自然便能衝破一切阻礙。至此，一切已經辨明，然而，聞道之路仍然極為漫長，以上種種言辭，僅可以用來參照，一切仍然要憑藉自己的不斷領悟。

子祀、子輿、子犁、子來四人相與語曰：「孰能以無為首，以生為脊，以死為尻，孰知死生存亡之一體者，吾與之友矣。」四人相視而笑，莫逆於心，遂相與為友。

俄而子輿有病，子祀往問之。曰：「偉哉！夫造物者，將以予為此拘拘也！」曲僂發背，上有五管，頤隱於齊，肩高於頂，句贅指天。陰陽之氣有沴，其心閒而無事，跰𨇤而鑑於井，曰：「嗟乎！夫造物者，又將以予為此拘拘也！」

子祀曰：「女惡之乎？」

曰：「亡，予何惡！浸假而化予之左臂以為雞，予因以求時夜；浸假而化予之右臂以為彈，予因以求鴞炙；浸假而化予之尻以為輪，以神為馬，予因以乘之，豈更駕哉！且夫得者，時也；失者，順也。安時而處順，哀樂不能入也，此古之所謂縣解也，而不能自解者，物有結之。且夫物不勝天久矣，吾又何惡焉！」

俄而子來有病，喘喘然將死，其妻子環而泣之。子犁往問之，曰：「叱！避！無怛化。」

倚其戶與之語曰：「偉哉造化！又將奚以汝為，將奚以汝適？以汝為鼠肝乎？以汝為蟲臂乎？」子來曰：「父母於子，東西南北，唯命之從。陰陽於人，不翅於父母，彼近吾死而我不聽，我則悍矣，彼何罪焉？夫大塊載我以形，勞我以生，佚我以老，息我以死。故善吾生者，乃所以善吾死也。今大冶鑄金，金踴躍曰：『我且必為鏌鋣』，大冶必以為不祥之金。今一犯人之形，而曰：『人耳人耳』，夫造化者必以為不祥之人。今一以天地為大爐，以造化為大冶，惡乎往而不可哉！」成然寐，蘧然覺。

以無為首，以生為脊，以死為尻

・大宗師寓言之一：勘破生死

理論雖已辨明，求道之途卻並未有所簡易，故此，仍要以寓言輔助說明，首先是子祀等四人的故事。

世人喜歡探討「從生到死」，而按照莊學，其準確的看法應當是「以無為首，以生為脊，以死為尻」，其中包含著三層含義：

首先，生命並不是「從生到死」，而是「從無到死」，「生」是其中一段。如此而言，「無」亦有意義，「死」亦有意義，「生」則自然是不必說了。

其次，「無」為人之首腦，一切思考由此而生，我是誰？我從哪裡來？天道種種，盡在於此；「死」為人之尻尾，一切思考向此而去，我實現了什麼？我向哪裡去？人道種種，向此而行。

最後，「生」為人之脊梁，可伸可縮，可立可倒，一切精彩盡在於此，故而〈養生主〉開篇便講「緣督以為經」，號召人們把握生命之根本。

如此一來，死生皆可勘破。

子輿有病，將死，卻「心閒而無事，跰𨇤而鑑於井」（蹒跚著到井水處照鏡子），又表示，如果死亡將他的左臂化為公雞，便用來報曉司晨，如果將右臂化為彈丸，便用來打鳥烤肉。如此恬淡「無情」的心態，不就是至人之境界嗎？

在前文〈人間世〉中，支離疏「頤隱於臍，肩高於頂，會撮指天，五管在上」。此時，子輿也是「曲僂發背，上有五管，頤隱於齊，肩高於頂，句贅指天」。二人極為相似。其實，一切不都是生的形態之一嗎？即便是此時身體尚且完好的子祀，本質上又有什麼不同呢？他將來不同樣也要面對「頤隱於臍，肩高於頂」的狀況嗎？

既然勘破了生死，子輿便只是平淡地說：「偉哉！夫造物者，將以予為此拘拘也。」在井邊照了照水中自己的倒影，他又平淡地說：「夫造物者，又將以予為此拘拘也。」那意思是說，如果拘於形體之中，無可作為，死便不過也是生的倒影罷了！

如此安然面對，便是所謂「縣（通懸）解」，「安時而處順，哀樂不能入」，在〈養生主〉中曾經有所論述。

子來有病，將死，他的妻子兒女不能接受，哭泣不停，子犁卻能知其心意——造物主不過是要把他化為鼠肝或者蟲臂，換一種形態罷了。子來亦把死亡比喻為造物者對人的回爐重造，所以，何不順其自然呢？

子祀、子輿、子犁、子來四人，分別對應廟堂之國君（祀）、車馬之貴族（輿）、農耕之百姓（犁）、悠遊之隱士（來）。世間之人，無非此四種，可見得：勘破生死，與身分無關，世人都要面對。

子桑戶、孟子反、子琴張三人相與友，曰：「孰能相與於無相與，相為於無相為？孰能登天遊霧，撓挑無極，相忘以生，無所終窮？」三人相視而笑，莫逆於心，遂相與為友。

莫然有間，而子桑戶死，未葬，孔子聞之，使子貢往侍事焉。或編曲，或鼓琴，相和而歌曰：「嗟來桑戶乎！嗟來桑戶乎！而已反其真，而我猶為人猗！」

子貢趨而進曰：「敢問臨尸而歌，禮乎？」

二人相視而笑曰：「是惡知禮意！」

子貢反，以告孔子，曰：「彼何人者邪？修行無有，而外其形骸，尸屍而歌，顏色不變，無以命之，彼何人者邪？」

孔子曰：「彼遊方之外者也，而丘遊方之內者也。外內不相及，而丘使女往弔之，丘則陋矣！彼方且與造物者為人，而遊乎天地之一氣。彼以生為附贅縣疣，以死為決疣潰癰。夫若然者，又惡知死生先後之所在！假於異物，托於同體；忘其肝膽，遺其耳目；反覆終始，不知端倪；芒然徬徨乎塵垢之外，逍遙乎無為之業。彼又惡能憒憒然為世俗之禮，以觀眾人之耳目哉！」

子貢曰：「然則夫子何方之依？」

孔子曰：「丘，天之戮民也。雖然，吾與汝共之。」

子貢曰：「敢問其方。」

孔子曰：「魚相造乎水，人相造乎道。相造乎水者，穿池而養給；相造乎道者，無事而生定。故曰，魚相忘乎江湖，人相忘乎道術。」

子貢曰：「敢問畸人？」

曰：「畸人者，畸於人而侔於天。故曰：天之小人，人之君子；人之君子，天之小人也。」

魚相忘乎江湖，人相忘乎道術

‧大宗師寓言之二：無物於心

子桑戶已死，未葬，孟子反和子琴張二人毫無悲戚之意，反而「或編曲，或鼓琴，相和而歌」。信奉儒學的子貢對此很不理解，便問道：「在屍體面前唱歌，符合禮儀嗎？」二人笑了笑：「你哪裡懂得真正的禮儀呢？」

子貢的問話嚴守禮儀，「趨而進」，他對禮的遵從可謂是發自身心的，時時不忘。然而，子桑戶已死，孟子反和子琴張又是世外之人，不受禮教，子貢之禮又哪裡有具體的意義呢？這不就是孟子反和子琴張批評子貢「惡知禮意」的由來嗎？

孔子看得透徹，一語道破：「憒憒然為世俗之禮」只是「觀眾人之耳目」而已，並不是真正的「禮」。

在這個故事中，孔子再次為莊學而代言，他稱子桑戶三子為方外之人，又稱自己為方內之人，不僅對三子採用敬佩、贊成的口吻，還嚴厲地批評自己為「天之戮民」、「天之小人」。這當然又是莊周寓言講法的一個小手段，既包含著天道對人道的批評，又寄寓了莊學對儒學的指點。

於是，在故事中，孔子放棄了自己的主張，承認天道勝於人道，又論述了「魚相忘乎江湖，人相忘乎道術」的道理，而這個論點，幾乎是前文中莊子的原話，正是典型的莊學認知。

顏回問仲尼曰：「孟孫才，其母死，哭泣無涕，中心不戚，居喪不哀。無是三者，以善處喪蓋魯國，固有無其實而得其名者乎？回壹怪之。」

仲尼曰：「夫孟孫氏盡之矣，進於知矣，唯簡之而不得，夫已有所簡矣。孟孫氏不知所以生，不知所以死；不知就先，不知就後；若化為物，以待其所不知之化已乎！且方將化，惡知不化哉？方將不化，惡知已化哉？吾特與汝，其夢未始覺者邪！且彼有駭形而無損心，有旦宅而無情死。孟孫氏特覺，人哭亦哭，是自其所以乃。且也相與吾之耳矣，庸詎知吾所謂吾之乎？且汝夢為鳥而厲乎天，夢為魚而沒於淵，不識今之言者，其覺者乎？其夢者乎？造適不及笑，獻笑不及排，安排而去化，乃入於寥天一。」

孟孫才不哀其母

・大宗師寓言之三：不拘於禮

在居喪之禮的問題上，顏回也遇到了和子貢類似的困惑：孟孫才的母親去世了，他哭泣而沒有眼淚，心中沒有悲戚，服喪而不哀痛，如此怠慢，卻被譽為善於處理喪事的人。這難道不是欺騙的虛名嗎？怎麼會有這種存在呢？

孔子也繼續用莊子的口吻解釋道：

其一，孟孫才知曉了喪禮的真諦，故而能做到極致，其簡化喪禮是有所遵循的。其二，孟孫才已經進入了無生無死之境，相比之下，孔子和顏回反而尚未覺醒，猶在夢中。

在這個故事裡，孟孫才雖然超越了喪禮之形，然而「人哭亦哭」，仍然要與人相妥協，遵從世間的安排，其行為，仍可稱之為「造適」，隨波逐流之意。在上文中，面對子桑戶的死亡，孟子反和子琴張卻可以相和而歌、相視而笑，能夠跳出世俗的羈絆。故此說，「造適不及笑」。

雖然如此，笑對死亡也並不是最自如的形態，反而還有些故意為之的意味，所以稱為「獻笑」，那便不如排除一切心念，不樂不悲，安然面對。故此說，「獻笑不及排」。

總而論之，孟孫才的無涕也好，孟子反和子琴張的笑歌也罷，都是勘破生死的表現，亦是法門，唯有安於排除心念，遠離物化，才可以進入寥廓的天人合一之境。

三　意而子見許由，許由曰：「堯何以資汝？」

意而子曰：「堯謂我，『汝必躬服仁義而明言是非』。」
許由曰：「而奚來為軹？夫堯既已黥汝以仁義，而劓汝以是非矣，汝將何以遊夫遙蕩恣睢轉徙之涂乎？」
意而子曰：「雖然，吾願遊於其藩。」
許由曰：「不然。夫盲者無以與乎眉目顏色之好，瞽者無以與乎青黃黼黻之觀。」
意而子曰：「夫無莊之失其美，據梁之失其力，黃帝之亡其知，皆在爐捶之間耳。庸詎知夫造物者之不息我黥而補我劓，使我乘成以隨先生邪？」
許由曰：「噫！未可知也。我為汝言其大略：吾師乎！吾師乎！齏萬物而不為義，澤及萬世而不為仁，長於上古而不為老，覆載天地、刻雕眾形而不為巧。此所遊已。」

意而子一心求道

‧大宗師寓言之四：不拘於過往

第四個故事十分精彩！

意而子以堯為聖人，便跟從他，而堯對他的要求有二：一是「躬服仁義」，一是「明言是非」。果然，其結果是意而子因為觸犯了仁義而遭受了黥刑，又因為不辨是非而遭受了劓刑。按照莊學的理論，仁義、是非，都是各人相對的理解，就算意而子願意「躬服仁義」，他又如何準確地躬服堯的仁義呢？他努力「明言是非」，又如何不觸犯堯的是非呢？所以，這是一個必然的結果。

意而子便轉來投奔堯的老師許由，而許由假意地批評他：「你已經在仁義和是非之中陷得太深了，因此而受到了黥刑和劓刑，又如何能逍遙遊於至境之中呢？」

聽此批評，意而子表示虛心接受，但仍然堅定地表示：「願遊於其藩。」

意而子的志心雖誠，卻似乎並沒有領會意圖，於是許由又故意地說：「已盲之人再也看不見面容的美麗，已瞎之人再也看不到衣裳華麗的花紋。」

這時候，意而子給出了一個很「漂亮」的反駁：「美人無莊失去了她的美，大力士據梁失去了力氣，黃帝失去了智慧，可是他們仍然在造物主安排的錘鍊之中。誰說造物主就不會將我的黥刑和劓刑補償回來，使我隨著先生您精進而得道呢？」

這個回答很有力量，表示出了意而子的決心，不過，它還是墜入到許由所設置的陷阱裡了。之前，許由故意將意而子比喻為盲者，稱他再也無法看見天道的顏色，意而子便由此援引而上，辯稱自己之前的錯誤，也許是天道的安排。但實際上，天道的玄妙，哪裡是盲人看物可以比擬的呢？在天道面前，黥刑和劓刑哪裡是什麼不得了的錯誤呢？又哪裡需要補償呢？

雖然意而子在此尚未通透，然而他志向已明，也算是通過了測試，於是許由便先給了他一個「未可知」的評論，又鄭重地告訴他：天道摧毀萬物也好，澤及萬世也罷，都不同於人道的仁義和是非，如果領悟了這些，就可以逍遙遊於世間了！那也即是說，意而子過去的追尋人道、躬服仁義和明言是非，因此而得的黥刑和劓刑……凡此種種，在天道面前都可以統統拋開。

顏回曰：「回益矣。」仲尼曰：「何謂也？」曰：「回忘仁義矣。」曰：「可矣，猶未也。」他日復見，曰：「回益矣。」曰：「何謂也？」曰：「回忘禮樂矣。」曰：「可矣，猶未也。」他日復見，曰：「回益矣。」曰：「何謂也？」曰：「回坐忘矣。」仲尼蹴然曰：「何謂坐忘？」顏回曰：「墮肢體，黜聰明，離形去知，同於大通，此謂坐忘。」仲尼曰：「同則無好也，化則無常也。而果其賢乎！丘也請從而後也。」

顏回先於孔子坐忘

・大宗師寓言之五：不拘於先後

在孔子的引領下，顏回勘破了仁義、禮樂，最終達到了坐忘的狀態，與大道貫通為一，而這個境界使孔子也自愧不如，反而主動顛倒師生的身分，請求追隨他。

什麼叫「坐忘」呢？顏回給出了幾個標準。「墮肢體」，在前文兀者、惡人等故事中有所討論；「黜聰明」，在惠子「堅白鳴」等故事中有所討論；「離形去知，同於大通」，正是《莊子・內篇》一直貫徹的核心。簡言之，「坐忘」並不是刻意地去忘記什麼、打破什麼，而是將外物之身盡「坐」於此，「忘」其所有，如此才可以生出「以明」之心，參悟天道。在〈齊物論〉中，南郭子綦隱几而坐，參悟天籟與「吾喪我」，便是「坐忘」。在〈人間世〉中，孔子曾以「坐馳」之說來開導顏回，此處，顏回又反過來以更具有大知的「坐忘」之說來向孔子展示，如此大的反轉使孔子「蹴然」，驚訝不已，並表示「請從而後也」，這是很有戲劇性卻又很符合邏輯的。不得不佩服莊子埋筆之深。

莊子多次假借孔子之口進行議論，計有三種情況：

其一，人道之事，為我代言。

對待一般的事物，莊學和儒學往往是相通的，所以，在這一部分，莊子對孔子是肯定的態度。比如〈人間世〉中孔子勸阻顏回入衛的故事。

其二，困於人道之事，供我批判。

莊學認為儒學的缺陷便在於困於人道，不知天道，所以，《莊子》中特別有批評孔子的相關故事，比如〈人間世〉中楚狂接輿之歌、〈德充符〉中孔子評價叔山無趾等。

其三，天道之事，寄我厚望。

莊學認為，諸子之學中，儒學距離莊學最近，向前一步，便能打破執念，一同入道，故此，不惜屢次借孔子之口大談莊學之道，以此鼓勵受眾。本故事即是如此。

這是〈內篇〉中最後一個關於孔子的故事，在此，弟子顏回先於孔子入道了，而且孔子也不甘落後，努力跟上。表面上，它闡述了一個聞道不分先後的道理，而實質上，它又何嘗不是莊子對於儒學的肯定和期許呢？

子輿與子桑友，而霖雨十日，

子輿曰：「子桑殆病矣！」

裹飯而往食之。

至子桑之門，則若歌若哭，

鼓琴曰：「父邪！母邪！天乎！人乎！」

有不任其聲而趨舉其詩焉。

子輿入，曰：「子之歌詩，何故若是？」

曰：「吾思夫使我至此極者而弗得也。父母豈欲吾貧哉？天無私覆，地無私載，天地豈私貧我哉？求其為之者而不得也。然而至此極者，命也夫！」

子桑尚未領悟

・大宗師寓言之六：求道之阻礙唯有自己

上文中有子祀、子輿、子犁、子來四人為友，也有子桑戶、孟子反、子琴張三人為友，以文中的描述，他們全部是「相視而笑，莫逆於心，遂相與為友」，也即是真人之「真友」。

在本故事中，子輿與子桑為友，所不同的是，此友非彼友：他們並沒有「相視而笑，莫逆於心」地同在一個境界中，而是子輿已經悟道，子桑卻陷於懵懂，兩人相差甚遠。故而，大知的子輿很能瞭解小知的子桑，一看到連續降雨已有十日之久，子輿便敏銳地覺察到：子桑快要病了吧！於是拿著飯前去探望。

果然，子桑正在「若歌若哭」地鼓琴，聲音微弱，詞句不清，無力地陷入困境之中。

在〈大宗師〉的開篇，莊子便提出觀點：「知天之所為，知人之所為。」其主要內涵在於「知」。子桑在此時思考自己、父母、天地，可謂是「思天之所為，思人之所為」，然而，「弗得也」，「思」卻未能「知」，便無法達到大宗師的境界，只能不停地感慨：淪落至如此絕境，難道就是天命嗎？

逍遙並非唾手可得

•《莊子．內篇》結尾之二：不逍遙，則困苦

理論已經辨明，求道之路便因此而容易了嗎？並沒有。在前文中，莊子也多次闡釋了「指窮於為薪」的道理，大道之火，仍然要不斷努力，方能求得。

本篇〈大宗師〉是全部《莊子．內篇》的理論總結，兼顧天道之體與天道之用，立論統一，體系完備。不過，愈是如此，愈要當心其不足之處。

故此，〈大宗師〉開篇用了四個部分進行了總結性的體系化闡述，然後又用五個故事正向地說明需要勘破的種種阻礙，最後，用這樣一個故事進行反向的說明，意在使人警醒，也與之前所有的立論相呼應。

《莊子．內篇》以鯤鵬極其逍遙之故事作為開篇，卻以子桑極其困苦之境遇作為結尾，前後呼應，其寓意十分明確：

能夠逍遙遊於世間，是每個人的願望，然而，只有像鯤鵬這樣，一直懷著「猶有未樹」之心、不斷「圖南」之志，定乎內外之分，厚積水風為力，一直向著天道進取，才會

達到逍遙的至境，「不夭斤斧，物無害者，無所可用，安所困苦哉！」否則，子桑的困苦，不正是最直接的警示嗎？

第七篇

應帝王

縱然你有帝王之術，怎能敵我千般萬化。

〈逍遙遊〉、〈齊物論〉、〈養生主〉等三篇論述天道之體，〈人間世〉、〈德充符〉、〈大宗師〉等三篇論述天道之用，至此，天道之立論已完備。

不過，人道亦是天道的一部分，人道種種，亦可論之。本篇〈應帝王〉，即論述所謂人道。

人之為人，須要應和天道，為師，亦須應和弟子。帝王本非莊子關心之事，奈何弟子求之，故發其言。這便是本篇〈應帝王〉的由來。莊子在〈齊物論〉中講「樞始得其環中，以應無窮」，在本篇結尾講「應而不藏」，在開篇寓言中，化身蒲衣子應和齧缺之請求，均是此意。

然而，本篇之人道，是天道之人道，與儒學等人道之人道大有不同。開篇齧缺問道蒲衣子的故事即加以點明：「未始出於非人」，是虞舜之道，是儒學之道，是人道之人道；「未始入於非人」，是伏羲之道，是莊學之道，是天道之人道。

本篇開篇寓言極為高妙！以故事性而言，在第二篇〈齊物論〉中，齧缺曾問道於王倪，本篇則問道於蒲衣子，前後相承。在內涵上，〈齊物論〉為天道之立論核心，為天道之督經；〈應帝王〉則為人道之立論核心，為人道之督經。此處安排巧妙，極有章法。

齧缺問道蒲衣子的故事，亦點明：莊子（蒲衣子）討論人道，是因弟子（齧缺）而起，是對弟子（齧缺）的教化，這正是「未始入於非人」的手段。

此處寓言兼顧本段「非人」之道、本篇「應帝王」之緣起、本書「人道」之本元，隱喻面面俱到，極其玄妙。

中間又有三個寓言談帝王術，亦是「非人」之手段。所談為人道，其實是天道。

又以壺子與季咸隱喻天道與人道，做出警示，這既是本篇的結尾，亦是《莊子・內篇》的第三次結尾，告知正道。

最後以南海之帝、北海之帝扣合南冥之鵬、北冥之鯤，以渾沌扣合莊學之大辯不言，以日鑿一竅扣合《莊子・內篇》，一切歸於沉寂。正是「指窮於為薪，火傳也，不知其盡也」。

此寓言以極虛靈之言總結莊學，言簡意深，更是玄妙非常。

莊子之論述極為雄奇，洋洋灑灑，波瀾詭譎，而更為神妙的是，他又能將如此發散之論述一一收線。本篇〈應帝王〉，明明是皇皇立言，卻又在暗暗合言，最終成就《莊子・內篇》，使之渾然一體，玄妙無缺。

齧缺問於王倪，四問而四不知。齧缺因躍而大喜，行以告蒲衣子。蒲衣子曰：「而乃今知之乎？有虞氏不及泰氏。有虞氏其猶藏仁以要人，亦得人矣，而未始出於非人。泰氏其臥徐徐，其覺于于。一以己為馬，一以己為牛。其知情信，其德甚真，而未始入於非人。」

蒲衣子潛移默化

• 第一層深意：因材施教

在〈齊物論〉中，齧缺曾問了老師王倪四個問題，然而，齧缺的境界還不夠，完全理解不了王倪答案中的寓意，反而還認為自己把老師難倒了，心中便生出錯覺，感到自己比老師王倪更智慧，於是「躍而大喜」，興高采烈地來找王倪的老師蒲衣子，把這件事告訴他。

齧缺不能理解「知」與「不知」的玄妙，不僅如此，他所關注的僅僅是世間的「利害」而已，王倪嘗試了幾次，始終無法使他打破執念，將他引渡到更高的層次中，故此，蒲衣子便因地制宜，換了一個切入點——既然說到「利害」，那我們來談談帝王術吧！虞舜（有虞氏）和伏羲（泰氏）都是帝王，前者的成就卻不如後者，為什麼呢？

虞舜彰明仁義，以此廣得人心，雖然也算不錯，他卻從未能離開「非人」的手段；伏羲為人舒緩而安閒，以自己為馬牛，從來不用「非人」的手段。

虞舜的仁義引領、鼓舞了他人，受者並不是以本性來跟隨虞舜，人非其人，故此稱為「非人」；伏羲從不干涉他人的本性，寧可自己為牛為馬，也要保全他人的本性，所以評價他「其知情信，其德甚真」，從未有任何「非人」之事。如此比較，那當然是伏羲勝於虞舜。

這樣的討論，相信齧缺就會感興趣並且理解了，而實際上，「未始入於非人」的主張，不正是王倪所展現的「四問而四不知」嗎？不正是參悟天道的途徑嗎？

蒲衣子講的是帝王術，既回答了齧缺所追問的「利害」，又講出了天道的至理，以對方的興趣點切入，將深意蘊含其中，真是太精妙了，不愧是王倪的老師！

蒲衣子以己為馬牛

・第二層深意：未始入於非人

這個故事仍有深意，並不是因材施教那麼簡單：齧缺「躍而大喜」地陷入無知之中而不自知，蒲衣子既沒有直率地批評，也沒有虛曲地附和，而是切中肯綮地點明要旨：「而乃今知之乎？」這句話一語雙關，既是溫和的批評，又是委婉的引領，具體往哪個方向去理解，完全靠齧缺自己的領悟——我以路徑鋪設於前，至理呈現於後，並不施以干涉，靜待你心性的自現。這樣的點化，不也正是一種「未始入於非人」的手法嗎？

相比之下，齧缺天道之性未開，王倪卻一味以天道化之，最後毫無結果，只是各說各話，還將齧缺引入「躍而大喜」的錯覺之中，究其原因，則是其手段「未始出於非人」啊！

王倪類同於虞舜，他向齧缺展示「至人」之境，正猶如虞舜以仁義示人；蒲衣子則是伏羲，他寓意不辯，指而不引，正猶如伏羲「一以己為馬，一以己為牛」。

如此一來，故事就更加明朗了：「有虞氏不及泰氏」，王倪不及蒲衣子，不正是因為是否遵循「非人」之道的區別嗎？齧缺之問道，本身不正是最好的例證嗎？

同樣一個簡單的故事，既因材施教地點化了齧缺，同時又點明了王倪的不足之處，簡直使人驚嘆！

同樣都是得道之人，蒲衣子卻又展示出更高的境界，果真是天道無窮啊！

莊子的隱藏寄語

•第三層深意：寫〈應帝王〉一篇的緣由

《莊子．內篇》的前六篇，已經完成了莊學核心的立言。然而，並不是每個人都有追求天道的決心、準備和狀態，一切既需要時機，也需要不懈的努力。在〈大宗師〉中，莊子借南伯子葵的故事便闡明了此事：

其一，南伯子葵雖然問道，卻不是學道之人，時機未到。

其二，卜梁倚有「聖人之才」，可以學「聖人之道」，也還需要漫長的努力才行。

其三，女偊（即莊子）有「聖人之道」，卻沒有「聖人之才」，無法對每個人施以「點石成金」之術。

故此，莊子便在〈內篇〉前六篇立言完成之後，額外增加一篇〈應帝王〉，談論世間的利害，講給齧缺、南伯子葵這樣的人聽——若是你們仍然感興趣於世間的人道，我便略談一談，寓言其中。這不正是莊子的因材施教和「非人」之道嗎？

莊子虛構了蒲衣子的故事，放在〈應帝王〉篇首，以帝王術的話題切入，深層寓意仍然是天道，再暗暗地表明理論脈絡，從蒲衣子之深意，到莊子之深意，再到《莊子》之深意，混合一氣，勾連相應，不同的人會有不同的感悟和收穫。

如此精妙的故事結構和篇章結構，無論其內涵還是整體設計，無一不體現出莊子的「大知」和逍遙！

肩吾見狂接輿，狂接輿曰：「日中始何以語女？」肩吾曰：「告我：君人者以己出經式義度，人孰敢不聽而化諸！」狂接輿曰：「是欺德也。其於治天下也，猶涉海鑿河，而使蚊負山也。夫聖人之治也，治外乎？正而後行，確乎能其事者而已矣。且鳥高飛以避矰弋之害，鼷鼠深穴乎神丘之下以避熏鑿之患，而曾二蟲之無知？」

是「德」還是「欺德」？

‧帝王術要點之一：非人之化，使人逃避

莊子以全部身心探究天道，對帝王之術並不真正關心，概而論之，不過就是幾個要點而已。本篇，莊子假借蒲衣子之口完成了基本的立論之後，又用三個故事對三個要點分別進行了進一步議論。

日中始是帝王的代表，他的理念是：身為君王，身先士卒，親力親為地演示規矩、昭明義法，百姓們怎麼能不聽從而被感化呢？

誠然，這種身先士卒的領袖作用必然會產生一定的效果，甚至可以說，在「刑人不在君側」的戰國時代，日中始能夠做到尊卑同法、上下同德，已經是非常了不起的事情了。然而，君王所遵循的仁德，一定是正義的嗎？仁德具有普適性嗎？你遵守的仁德，我也一定要遵守嗎？

這段「肩吾見狂接輿」的故事，特別像〈大宗師〉中「意而子見許由」那一段：堯以仁義和是非來規範意而子，進而以仁義為名對他實施了黥刑，以是非為名對他實施了劓刑，可不就是帝王日中始的翻版嗎？

以自己的見解來規範他人的見解，必定會使人迷失自己的本性，這就是「非人」之道，所以楚狂接輿稱之為「欺德」，意即：以仁德為名，行欺騙之事。楚狂接輿又將它做了兩個比喻：一個是「涉海鑿河」，忽略他人本性之海，非要另鑿河道；一個是「使蚊負山」，忽略他人飛之本性，非要背負不得已之重物。

這種帝王之術，非人而欺德，其結果如何呢？最後，楚狂接輿提出了一個意味深長的問題：在仁德的感召之下，小鳥要高飛天宇以躲避弓箭之害，鼴鼠要深入地穴以躲避熏捕之患，牠們這樣做，是因為無知嗎？

日中始是一個虛構的帝王，其名字大有深意。莊子在〈在宥〉篇中談道：「大人之教」應當「出入無旁，與日無始」才是。日至中天，陽光普照，便以此為正義，不分彼此，使萬物受其仁德，豈不知萬物之本性各有區別，亦各有變化，誰說日至中天就是唯一的至善呢？恐怕頗有些人會因此而喪命，或者因此而逃避呢！

天根遊於殷陽，至蓼水之上，適遭無名人而問焉，曰：「請問為天下。」無名人曰：「去！汝鄙人也，何問之不豫也！予方將與造物者為人，厭，則又乘夫莽眇之鳥，以出六極之外，而遊無何有之鄉，以處壙埌之野。汝又何帠以治天下感予之心為？」又復問，無名人曰：「汝遊心於淡，合氣於漠，順物自然而無容私焉，而天下治矣。」

遊訪天下，還是遊心於淡？

・帝王術要點之二：不必求問於人，只需求道於己

君王治國，一般而言，最重要的便是評定國策，建立法度，所謂「道之以政，齊之以刑」（《論語》），也就是日中始的做法。然而，這種「出經式義」的方式卻被莊子否定了，因為那只是君王自己的仁德，不是百姓心中的仁德，而且是「非人」之道，會造成對個體的損害。那麼，尊重每一位個體，去向百姓問道，可不可行呢？

帝王天根便抱有如此想法，於是遊於四處，遇到無名人，向他求教治理天下的事。無名人給他的答案有兩點：其一，治理天下是帝王之事，不應該求助別人；其二，治理天下只須去除私心，求道於己，順其自然。

無名人心向自由，不願參與治國之事，這一段話，用的是莊學的口吻。然而，以普通百姓而言，即便狀況與此不同，也總有其他的人生追求，對個人的意義要遠勝於治理天下

的討論。人在世間，各得其所，各安其分，治理天下是君王的分內事，又怎麼能求道於百姓呢？

帝王天根再三問詢之下，無名人便給出了「遊心於淡」的答案，其言外之意是：不必遊於四方。

天根「遊於殷陽，至蓼水之上」，是問道之遊，是有目的的帝王之遊，並不是逍遙之遊。固然，日中始所遵從的帝王術有「欺德」之行，使百姓逃避，然而其解決辦法也絕不是遍尋百姓，向其求道。百姓所逃避的，無非是仁德這些「非人」的枷鎖，既然如此，撤去就是了，何必要向百姓問道，試圖求問出新的枷鎖來呢？

所以，對己「遊心於淡」，不必遊於四方，對百姓「順其自然」，不必彰顯仁德，就是所謂帝王之術了。

天根也是虛擬的帝王，因其放棄了「出經式義」的仁德，跳出了人道的境界，已有天道之根慧，故而名為天根。

所謂「無名人」就是百姓的投射，天下之大，眾生芸芸，都是無名之人，哪裡問得過來呢？而莊子在〈逍遙遊〉中又講：「聖人無名」，其實每一位個體都是聖人，不過是境界各有高低罷了，而即便如此，帝王之術也並不需要向每一位聖人求道，「遊心於淡」才是精進的至理。

陽子居見老聃，曰：「有人於此，嚮疾強梁，物徹疏明，學道不倦。如是者，可比明王乎？」

老聃曰：「是於聖人也，胥易技係，勞形怵心者也。且也虎豹之文來田，猨狙之便執斄之狗來藉。如是者，可比明王乎？」

陽子居蹴然曰：「敢問明王之治。」

老聃曰：「明王之治：功蓋天下而似不自己，化貸萬物而民弗恃。有莫舉名，使物自喜。立乎不測，而遊於無有者也。」

學道不倦，還是遊於無有？

‧帝王術要點之三：不必勞心勞力，只須立乎不測

既然帝王之術只需求道於己，具體又應當如何去做呢？陽子居提出了「物徹疏明，學道不倦」的標準，但是被老子否決了。

世間往往會給「勵精圖治」的君王以好評，陽子居提出的標準還不只於此，更是從「徹物」和「學道」兩個維度上加以升級，便看似更加精準了，然而，老子卻反問道：這種勞心勞力的做法，不是每一個小官小吏都會做的事嗎？哪裡是聖人之道呢？何況，虎豹的花紋越漂亮就越會吸引獵人，猿猴再靈活也逃脫不了追捕，若是像牠們一樣，又怎麼能算得上明王呢？

這一番反問確實非常有力：其一，「物徹疏明，學道不倦」只是人皆應有的精神，並不是明王的特質；其二，這種精神無法保證治國的結果，相反，還會招致災禍。聽到這一番精彩的分析，陽子居蹴然有悟，連忙問道。

老子所言，要點有二：

其一，「化貸萬物而民弗恃」，其本質仍然是「順物自然」，國民需要聖人的化度，然而，不可用仁德等「非人」之道強硬化之，而應當「潤物細無聲」，使民眾得到化度卻不依賴，保證民眾不喪失本性，「使物自喜」，這樣便不必勞力勞心了。這才跳出了小吏的層次，達到了明王的境界。

其二，「立乎不測」，既是修身之道，又是治國之道。若是完全遵從於某一規劃、某一策略，看似逐漸強大，其實是自曝於人，猶如虎豹之花紋、猿猴之靈活。明王之治，遊於無有，卻可以變化莫測，達到最強大的形態。

化貸萬物而民弗恃

・應帝王立言小結：明王之治，使物自喜

三個小故事，概括出三類「明君」：身先士卒、不恥下問、勵精圖治。遍數世間的

「明君」，經常為人所看中的，不就是這幾項特質嗎？然而，身先士卒不過是「欺德」之行，不恥下問其實是俎庖不分，勵精圖治終究是勞形怵心，不過都是表面上顯得好看而已，哪裡是真正的帝王之術呢？

莊學所主張的帝王之術，只是「使物自喜」而已，看似簡單，卻很難做到，要用「未始入於非人」的方法才可以達到。而「未始入於非人」又絕不是無所作為，看似「其臥徐徐，其覺于于」，其實則是「一以己為馬，一以己為牛」，能用巧妙的智慧度化世人，使其自喜。這樣的大知，無論說是天道還是帝王術，都已經沒有什麼分別了。

鄭有神巫曰季咸，知人之死生、存亡、禍福、壽夭，期以歲月旬日，若神。鄭人見之，皆棄而走。列子見之而心醉，歸，以告壺子，曰：「始吾以夫子之道為至矣，則又有至焉者矣。」

壺子曰：「吾與汝既其文，未既其實，而固得道與？眾雌而無雄，而又奚卵焉！而以道與世亢，必信，夫故使人得而相女。嘗試與來，以予示之。」

明日，列子與之見壺子。出而謂列子曰：「嘻！子之先生死矣！弗活矣！不以旬

數矣！吾見怪焉，見濕灰焉。」列子入，泣涕沾襟，以告壺子。壺子曰：「鄉吾示之以地文，萌乎不震不正。是殆見吾杜德機也。嘗又與來。」

明日，又與之見壺子。出而謂列子曰：「幸矣！子之先生遇我也！有瘳矣，全然有生矣！吾見其杜權矣。」列子入，以告壺子。壺子曰：「鄉吾示之以天壤，名實不入，而機發於踵。是殆見吾善者機也。嘗又與來。」

明日，又與之見壺子。出而謂列子曰：「子之先生不齊，吾無得而相焉。試齊，且復相之。」列子入，以告壺子。壺子曰：「吾鄉示之以太沖莫勝，是殆見吾衡氣機也。鯢桓之審為淵，止水之審為淵，流水之審為淵。淵有九名，此處三焉。嘗又與來。」

明日，又與之見壺子。立未定，自失而走。壺子曰：「追之！」列子追之不及。反以報壺子曰：「已滅矣，已失矣，吾弗及已。」壺子曰：「鄉吾示之以未始出吾宗。吾與之虛而委蛇，不知其誰何，因以為弟靡，因以為波流，故逃也。」然後列子自以為未始學而歸，三年不出，為其妻爨，食豕如食人，於事無與親，雕琢復朴，塊然獨以其形立。紛而封哉，一以是終。

深不可測之境

•《莊子・內篇》結尾之三：人道沒有止境，天道沒有止境

季咸能知人之生死存亡、禍福壽夭，被人奉為神明，列子也為之心醉，將他引薦給老師壺子，便有了四次相見：這四次，壺子分別展示了大地之靜寂、天壤之生機、九淵之變易、太虛之委蛇。前兩次相見，打破了季咸關於「生死存亡」的掌握與判定，也即是人道的至高之境；後兩次相見，則展示了天道深不可測的境界。

從表面上看，無論是在人道中被封神的季咸，還是悟道後已入至境的列子，都已經和帝王之術毫無關係了。不過，莊子在前文中已經論述了帝王術的三個要點，立言已畢，而且在上一個陽子居的故事中已經闡釋了：「立乎不測」是根本之道，萬物一理，無論修身還是治國，盡皆如此。

這一篇變幻莫測的故事猶如定海神針，居於此處，作用有三：

其一，它展示了天道的深不可測之境，這是對上一篇故事「立乎不測」的順勢解讀和深入闡述。

其二，它展示了「天道大於人道」的結論，以天道來定義帝王術的內涵，以特別的方式對本篇〈應帝王〉進行總結，作為不忘初心的警醒。

其三，它展示了「天人合一」的境界，強調了天道即是人道、至人術便是帝王術，這也是對整個《莊子·內篇》的第三次結尾。

列子在悟道之後，「於事無與親，雕琢復朴，塊然獨以其形立」，已入至人之境，其實，這不也正是明王之境嗎？他「紛而封哉，一以是終」，能夠在紛亂的戰國時代獨立而安然，這是聖人所追求的結果，不也正是明王所追求的嗎？

在外在的表現上，天道是大知，高於人道的小知，而在內在的修行上，天道和人道其實沒什麼分別，渾然一體。

無為名尸，無為謀府，無為事任，無為知主，體盡無窮，而遊無朕。盡其所受乎天，而無見得，亦虛而已。至人之用心若鏡，不將不迎，應而不藏，故能勝物而不傷。

南海之帝為儵，北海之帝為忽，中央之帝為渾沌。儵與忽時相與遇於渾沌之地，渾沌待之甚善。儵與忽謀報渾沌之德，曰：「人皆有七竅以視聽食息，此獨無有，嘗試鑿之。」日鑿一竅，七日而渾沌死。

儵忽鑿竅，渾沌死

•《莊子．內篇》真正的結尾：無中生有，有中生無

至此，全部〈內篇〉，即莊學的主體思想，已經再次立言完畢，除了最後一條——莊子一再強調：「大道不稱，大辯不言。（〈齊物論〉）」既然如此，這七篇莊學之言，字字珠璣，在此聳然而立，豈不是犯了言之過嗎？又當如何理解呢？

渾沌，便是天道，便是莊學，其實本不必言，只是眾多弟子們需要莊子立言，勸而為

之，於是寫成七篇，對應七竅，以通於人。

天道之大，豈可盡言？以竅示人，亦非天道之本。於是，渾沌便不再是渾沌，渾沌已死。

所謂南海之帝，不正是南冥的大鵬嗎？所謂北海之帝，不正是北冥的巨鯤嗎？這段故事，緊扣開篇，構成了《莊子．內篇》的第四個結尾，也是最終的結尾，真正的結尾。

人生而為鯤，化而為鵬，或逍遙於北冥，或遷徙至南冥，或為北海之帝，或為南海之帝，倏忽之間參悟天道，偶爾之中達於渾沌。

天道本是渾沌，渾沌即是至道，然而世人無知，不鑿七竅不足以明道，莊子便留下聖言七篇：〈逍遙遊〉、〈齊物論〉、〈養生主〉、〈人間世〉、〈德充符〉、〈大宗師〉、〈應帝王〉，為天道之七竅。

天道本無竅，因人而有竅，故此：天道生竅，渾沌即死。

莊學本是澄澈一片，亦是溟漠一片，亦是渾沌一片，在此立言，鑿竅而死。然而，死去的是渾沌嗎？是莊學嗎？還是另有他者？

天道無止境，吾知亦無涯。《莊子．內篇》七篇，不過是導引之論，又怎能把天道說盡？

若是完全以此為憑，步之蹈之，再無探求，又怎能上達真正的至道？故此，莊子之意，意在警醒：大知雖大，亦不必以此為牢；至言雖立，倒不妨坐忘而化。

無竅便是有竅，有竅便是無竅。以此形死，以彼形生。倏忽之間參悟渾沌，不妨再彼此相忘於江湖。《莊子》已立，《莊子》已死，《莊子》已化。而天道渾沌仍在每個人內心的修為之中，怎麼會死呢！

打開莊子的方式：解構莊子的邏輯思維，重塑他的處世哲學

作　　者　陳可抒
責任編輯　夏于翔
協力編輯　黃暐婷
校　　對　魏秋綢
內頁構成　江孟達工作室
內頁排版　李秀菊
封面美術　Poulenc

發 行 人　蘇拾平
總 編 輯　蘇拾平
副總編輯　王辰元
資深主編　夏于翔
主　　編　李明瑾
業　　務　王綬晨、邱紹溢
行　　銷　廖倚萱
出　　版　日出出版
　　　　　地址：10544台北市松山區復興北路333號11樓之4
　　　　　電話：02-2718-2001　傳真：02-2718-1258
　　　　　網址：www.sunrisepress.com.tw
　　　　　E-mail信箱：sunrisepress@andbooks.com.tw

發　　行　大雁文化事業股份有限公司
　　　　　地址：10544台北市松山區復興北路333號11樓之4
　　　　　電話：02-2718-2001　傳真：02-2718-1258
　　　　　讀者服務信箱：andbooks@andbooks.com.tw
　　　　　劃撥帳號：19983379　戶名：大雁文化事業股份有限公司

印　　刷　中原造像股份有限公司
初版一刷　2023年5月
定　　價　450元
I S B N　978-626-7261-36-1

原簡體中文版：《莊子：人生無意讀莊子》
作者：陳可抒

國家圖書館出版品預行編目（CIP）資料

打開莊子的方式：解構莊子的邏輯思維，重塑他的處世哲學／陳可抒著. -- 初版. -- 臺北市：日出出版：大雁文化事業股份有限公司發行, 2023.04
264面；21×15公分
ISBN 978-626-7261-36-1（平裝）
1.CST: (周)莊周　2.CST: 莊子　3.CST: 老莊哲學
121.33　　112004510

圖書許可發行核准字號：文化部部版臺陸字第111142號
出版說明：本書由簡體版圖書《莊子：人生無意讀莊子》以中文正體字在臺灣重製發行。